글로벌틴 청소년 새가족을 위한 양육 교재

청    소    년

새생명

김인환 지음

지티엔

# ➡️ 교재의 특징

## 새 생명은 검증된 교재입니다.

새 생명은 사춘기에 접어든 청소년과 청소년 Cell에 적합한 교재입니다.
지문중심의 해설과 적용 및 상관질문을 통해 더욱 쉽게 이해할 수 있게 편집되어 있습니다. 특히 4주간의 과정으로 인해 새 친구 양육에 효과적으로 시간을 사용할 수 있으며 새 친구 정착에도 큰 도움을 주기 위해 만들어진 교재입니다.


## 〉〉 새 생명 교재의 특징

- 새 생명은 복음중심의 교재입니다. 주제 자체가 복음이 아니고서는 설명될 수 없지만 보다 더 복음적인 접근이 용이하도록 편집되어 있습니다.
- 지구촌교회 청소년 사역의 현장에서 검증된 교재입니다. 이미 많은 청소년의 변화와 영적 성숙에도 큰 도움을 주었습니다.
- 청소년기의 실제적인 고민에 대해 대답할 수 있습니다. 아이들이 묻고 싶었던 것과 학교에서 배우는 진화론에 대한 내용 등을 담아 실제적인 고민과 가까이하도록 만들어져 있습니다.
- 4주간의 과정으로 인해 새 친구의 정착률을 돕습니다. 새 친구가 오면 제일 먼저 어떤 교육을 해야 할지 망설이지 않아도 됩니다. 4주간의 교육을 통한 친밀한 교제가 정착률에 많은 도움을 줍니다.
- 지문중심의 교과편집과 질문으로 인해 누가 가르치든 그 편차가 현저하게 줄어들었습니다. 새 생명 교재를 통해 청소년끼리의 전도가 가능하고, 가정이나, 분반공부 등의 훈련에도 적합합니다.
- 주제와 관련된 믿음보기의 읽을거리는 전체 주제를 이해하는데 큰 도움을 줍니다.
- 새 친구를 위해서 '쉬운 성경'을 사용하여 이해가 쉽도록 도왔습니다.

# contents

청 소 년

# 새 생명

# 어떻게 하면 새 생명을
# 얻을 수 있을까요?

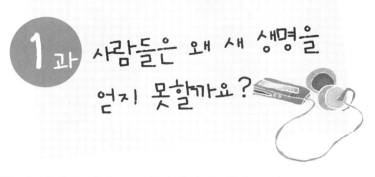

# 1과 사람들은 왜 새 생명을 얻지 못할까요?

## ➡ 새 생명의 장애물 1 / 하나님이 없다고요?

"눈에 보이는 것만을 믿고 살지 않습니다."

하나님이 내 눈에 보이지 않는다고 믿지 않는다면
다음 그림의 평행선이 어떻게 보이는지 이야기 해 보세요.

자를 대어 보면 분명히 평행선인데 눈으로 보이기는 좌우로 비뚤어진 모습이죠? 이런 것을 흔히 착시현상이라고 말하는데요. 착시현상이란 '어떤 물체를 착각하여 잘 못 본다' 는 뜻입니다. 만약 우리가 눈에 보이는 것만을 믿는다면 우리는 언제든지 착시현상으로만 판단하는 실수를 범하지 않을까요?

Guide

착시 현상을 설명하면서 본문으로 들어가세요. 중요한 것은 '눈에 보인다고 정확한 것은 아니다.' 라는 명제를 이해하게 하는 것입니다. 자를 대어보게 한다든지 착시현상을 더 설명하는 것도 좋지만 간단하게 아이스 브레이킹 하는 것이 좋습니다. 간단하게 사용하시고 바로 적용질문으로 넘어가세요.

자를 대어 보면 분명히 평행선인데 눈으로 보이기는 좌우로 비뚤어진 모습이죠? 이런 것을 흔히 착시현상이라고 말하는데요. 착시현상이란 '어떤 물체를 착각하여 잘못 본다' 는 뜻입니다. 만약 우리가 눈에 보이는 것만을 믿는다면 우리는 언제든지 착시현상으로만 판단하는 실수를 범하지 않을까요?

### ✏️ 적용질문

1. "눈에 보이는 것만이 진리다"라는 말이 항상 옳은 것일까요?
   ☐ 그렇다.　　☐ 아니다.

2. 보는 대로만 판단했다가 실수한 경험이 있다면 옆 친구와 나눠보세요.

> 그룹이 10명 이하라면 교사가 먼저 자신의 경험을 이야기하고 2-3명 정도 자신의 경험을 대표적으로 나누는 것도 효과적입니다. 10명이 넘는다면 옆 사람과 짝을 지어 나누게 하세요.

### ✏️ 믿음생각

바람과 공기와 사랑은 눈에 보이지 않죠? 그렇지만 사람들은 바람과 공기와 사랑이 없다고 말하지 않습니다. 오히려 이렇게 대부분 눈에 보이지 않는 것들을 믿고 살아간답니다. 이 세상에는 사람의 눈을 통해서 볼 수 있는 것이 30%, 볼 수 없는 것이 무려 70%나 존재한다는 것을 알고 계시나요? 이처럼 많은 사람들은 눈에 보이지 않지만 존재하는 것을 믿고 살아갑니다. 그럼에도 불구하고 유독 하나님만은 보이지 않는다고 믿지 않습니다.

Guide

> 공기와 바람과 사랑을 차례대로 언급한 뒤 특징을 이야기해 주세요. 모두가 눈에는 보이지 않지만 우리에게 정말 필요한 것입니다. 이처럼 사람들은 눈에 보이지 않는 것들을 더 많이 믿고 살아갑니다. 적용질문으로 넘어가 볼까요?

### ✏️ 적용질문

그렇다면 우리는 왜 하나님을 볼 수 없는 것일까요?

하나님을 볼 수 있는 ___눈___ 이 없기 때문입니다.

## ✏️ 상관질문

마태복음 5장 8절을 읽고 어떤 사람이 하나님을 볼 수 있는지 말해 보세요.

마음이 깨끗한 사람

마음을 깨끗이 한 사람은 복이 있다. 그들이 하나님을 볼 것이다. (마태복음 5장 8절)

### 말씀도우미

### '마음이 깨끗(청결)하다'의 의미는?

이것은 문자 그대로 깨끗함을 가리키는 단어이지만 도덕적으로 죄를 짓지 않는 것이 아니라 자신의 죄를 깨닫고 그 죄로 인해 슬퍼하는 사람들에게 주시는 마음의 상태를 말합니다. 다시 말해 세상적인 욕심에 한눈팔지 않고 오직 하나님에게만 집중하는 사람의 상태를 말하는 것입니다.

## ✏️ 믿음보기

한 이교도가 어거스틴이라는 기독교인에게 자기가 섬기는 작은 나무 우상을 가리키며 말했습니다. "내가 섬기는 신은 여기 있습니다. 그런데 당신이 섬기는 하나님은 어디 있습니까?" 그러자 어거스틴이 말했습니다. "나의 하나님은 보일 수 없소. 그것은 하나님이 없어서가 아니라 당신이 하나님을 볼 수 있는 눈을 못 가졌기 때문이오."

혹시 당신도 어거스틴이 만난 이교도처럼 하나님이 눈에 보이지 않는다고 '하나님은 없어' 라고 생각하지는 않나요? 날씨가 흐려 해가 구름에 가려져 보이지 않는다고 '해는 없어' 라고 말한다면 얼마나 우스운 일일까요? 그럼에도 불구하고 우리는 눈에 보이지 않는다고 하나님을 부인하고 있습니다.

Guide

> 믿음보기의 예화를 통해 많은 우상이 눈에 보인다는 것으로 그들의 증거를 삼지만 하나님에 대한 믿음은 보인다고 얻어지는 게 아님을 알려 주세요. 그러면서 자연스럽게 적용질문으로 들어가 주시고, "그렇다면, 하나님은 왜 눈에 안 보이지?"라는 물음을 상관질문을 통해 대답해 주시면 됩니다.

### ✎ 적용질문

눈에 보이지 않기 때문에 하나님이 없다고 생각한 적이 있었나요?

☐ 네!　　☐ 아니오!

### ✎ 상관질문

요한복음 20장 29절은 눈에 보이지 않지만 하나님을 믿는 사람들을 어떻게 이야기하고 있나요?

하나님을 보지 않고 믿는 사람들에게는 ___복___ 이 있습니다.

> 예수님께서 도마에게 말씀하셨습니다. "너는 나를 보았기 때문에 믿느냐? 나를 보지 않고 믿는 사람들은 복이 있다."(요한복음 20장 29절)

### ✎ 말씀생각

우리는 이제 사람들은 눈에 보이는 것만을 믿고 살아간다고 착각하지만 실제로 보이지 않는 것을 더 많이 믿고 살아간다는 사실을 알게 되었습니다. 더불어 우리의 눈 역시 언제나 착각속에 빠질 수 있는 위험성을 갖고 있기 때문에 눈에 보이는 것만을 믿는다는 것은 어리석다는 것을 배웠습니다.

자, 이제 변하지 않는 성경의 진리를 통해 자신의 생각을 정리해 볼까요?

### ✎ 상관질문

1. 시편 14편 1절은 하나님이 눈에 보이지 않는다고 부인하는 사람을 어떤 사람이라고 표현하고 있나요?

___어리석은___ 사람

> 어리석은 자는 마음속으로 말하기를 "하나님은 없다"라고 합니다. 그들의 행위는 더럽고 썩었으며, 선한 일을 행하는 사람이 아무도 없습니다. (시편 14편 1절)

2. 그런 사람들의 행동은 어떻습니까?

그들의 행위는 ___더럽고___ ___썩었으며___ , ___선한___ 일을 행하는 사람이 아무도 없습니다.

말씀을 읽고 생각해 보세요.

믿음을 통해 우리는 이 세상 모든 것이 하나님의 말씀으로 창조되었다는 것을 이해합니다. 이것은 우리가 보고 있는 것들이 보이지 않는 어떤 것으로 만들어졌다는 것을 말합니다. (히브리서 11장 3절)

### ☼ 정리된 생각

하나님이 눈에 보이지 않는다고 믿지 않는 사람은 어리석은 사람입니다.

~ Guide

정리된 생각이 과의 주제입니다. 그러므로 마무리하실 때, 2개의 상관질문으로 마무리를 해 주시면 됩니다. 상관질문의 마무리는 눈에 보이지 않는다고 믿지 못하는 연약한 믿음을 질책하는 것이 아니라, 성경적 진리를 제시하는 것입니다.

### ✐ 바뀐생각

1.우리는 눈에 보이는 것을 믿고 사나요? 아니면 보이지 않는 것을 더 많이 믿고 사나요?

~ Guide

바뀐 생각은 이전의 생각이 달라졌다는 것을 전제로 질문합니다. 그렇기 때문에 눈에 보이지 않는 것을 더 믿고 산다고 대답합니다. 이때, 교사는 왜 그런지 1과의 내용을 한마디로 요약해서 설명하는 것이 효과적입니다. 간략하게 설명하고 다음 질문으로 정리해 주세요.

2.눈에 보이지 않는다고 하나님을 부인하는 것에 대해 어떻게 생각하게 되었나요?

~ Guide

성경은 그런 사람을 어리석은 사람이라고 말하고 있습니다. 성경적 진리를 제시한 후에 본인의 의견을 말할 수 있도록 도와 주세요.

3. 우리의 눈에 하나님이 보이지 않는 이유를 성경은 어떻게 대답하고 있나요?

Guide

> 말씀생각, 상관질문을 통해 그 대답을 알 수 있습니다. 성경은 마음이 깨끗한 사람만이 하나님을 볼 수 있다고 기록하고 있습니다.

## ▶ 새 생명의 장애물 2 / 성경이 비과학적이라고요?

### "사람은 어떻게 이 세상에 존재하게 되었을까요?"

'세상에 인류가 어떻게 태어나게 되었는가?' 하는데는 크게 두 가지 이론이 있습니다. 창조론과 진화론이죠. 하나님께서 이 세상을 창조했다는 창조론과는 달리 진화론은 우연한 발생에 의해서 생명체가 존재하게 되었고, 그것이 진화되어 사람이 되었다는 것입니다. 그런데 많은 사람들은 성경이 비과학적이라고 착각하고 진화론을 더욱 과학적인 것으로 여기며 진화론을 진리로 믿고 있습니다. 그렇다면 사람은 어떻게 존재하게 되었을까요? 정말 인류의 조상은 원숭이일까요? 아래 그림을 보고 자신의 생각을 이야기 해 보세요.

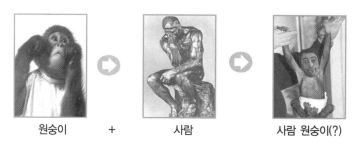

원숭이        +        사람        사람 원숭이(?)

### ✎ 적용질문

창조론과 진화론 중 어느 것이 더 과학적이라고 생각하나요?

☐ 창조론이요!        ☐ 진화론이요!

Guide

> 진화론에는 많은 이론이 있습니다. 하지만, 본 과에서는 진화론의 모든 것을 다루지 않습니다. 진화론 중에서 특별히 인간의 탄생에 대해 이야기합니다. 이유는 창조의 섭리중 인간이 가장 위대한 것임을 알고 자존감이 낮아진 마음에 진리를 비추는 것이기 때문입니다. 다른 이유는 진화론 중에서 가장 쉽게 아이들에게 접근할 수 있기 때문입니다.
> 중요한 것은 진화론을 과학적이라고 믿는 그릇된 생각을 변화시키는 것입니다. 더불어 과학적으로 증명되어야만 진리라는 생각을 변화시키는 것입니다.

유교를 통해 조상에게 제사를 지내는 우리 민족은 보이지 않는 귀신의 존재를 믿으면서 살아계신 하나님을 믿지 않고 있습니다. 그 이유는 기독교는 과학적이지 않다는 것입니다. 과연 그럴까요?

많은 친구들이 학교에서 배운 진화론을 창조론보다 더 과학적인 것으로 여기고 있습니다. 정말 원숭이가 인류의 조상이라면 동물원에 가서 원숭이를 구경하는 것은 조상 모독죄가 아닐까요? 또 정말 인간이 하찮은 동물과 크게 다를 것이 없이 조금 더 진화된 동물일 뿐일까요? 진화론은 사실 과학이 아니며 하나님을 부인하는 세상의 신념일 뿐입니다. 진화론이야말로 과학적이기는커녕 비상식적인 이론에 불과합니다.

찰스다윈은 그의 저서 「종에 기원」에서 다음과 같이 이야기 했습니다.

"이번에 내가 발표하는 내용은 필연적으로 불완전한 것이다. 물론 틀림없이 오류가 들어있을 것이다."

✏ 적용질문

찰스 다윈의 마지막 고백을 듣고 난 후, 진화론에 대한 생각은 어떻게 달라졌나요?

☐ 여전히 과학적임을 믿는다.

☐ 오류가 있을 수도 있다.

☐ 비 과학적이다.

✏ 상관질문

창세기 5장 2절은 사람이 어떻게 태어났다고 기록하고 있나요?

사람은 ___하나님___ 께서 ___창조___ 하셨습니다.

하나님께서는 남자와 여자를 창조하시고, 그 날 그들에게 복을 주시며 그들의 이름을 '사람'이라고 하셨습니다. (창세기 5장 2절)

믿음생각에서 찰스 다윈이 한 고백이 많은 도움을 줍니다. 그 자신도 완벽한 이론이 아니라고 추측할 뿐이라고 말하고 있습니다. 그럼에도, 사람들은 진화론이 과학적으로 믿을만하다고 생각합니다. 찰스 다윈의 고백에 비해 성경은 사람으로 창조됨을 확신하며 기록하고 있습니다.

## 🖋 믿음보기

성경이 비과학적이라고 생각한다면 다음의 이야기에 귀 기울여 보세요.

1640년 이탈리아의 과학자 토리첼리 박사가 공기의 무게(압력)를 재는 기계를 최초로 발명했습니다. 그래서 압력계라고도 하지요. 그 기계로 재어보면 1기압이 760mmHg으로 나타납니다. 그래서 토리첼리 박사가 이 단위를 자기 이름을 붙여 torr(토르)라고 이름붙였습니다. 그런데 이미 하나님께서 공기의 무게를 정하셨다는 기록이 욥기 28장 25절에 나옵니다.

> 하나님은 바람의 무게도 재시고 물도 측량하신다네(욥기 28장 25절)

17세기 하틀리는 대기가 적도에서 상승한 기단이 양극으로 이동한다는 설을 주장하여 대기가 순환한다는 학설을 처음 주장했습니다. 이어서 19세기에는 코리올리와 페렐을 통해 북반구와 남반구에서 반대 방향으로 휘어지는 움직임을 발견했습니다. 그런데 이보다 앞서 전도서 1장 6절은 대기의 순환을 이렇게 기록하고 있습니다.

> 바람은 남쪽으로 분다 싶더니, 다시 북쪽으로 향하고, 다시 이리저리 돌아 제자리로 돌아간다(전도서 1장 6절)

진화론에 따르면 공룡은 지금으로부터 약 2억 800만 년 전에 출현했습니다. 그리고 1억 4300만 년 동안 지구를 배회했다가 6500만 년 전에 멸종했다고 합니다. 진화론은 인류의 출현을 500만 년 전으로 보고 있습니다. 따라서 공룡의 멸종과 인류의 출현 사이에는 무려 6000만 년이란 장구한 공백이 존재하게 됩니다. 그래서 현 고교 생물교과서에도 공룡과 인류가 공존하지 않았다고 기록되어 있습니다.

하지만 공룡과 사람발자국, 공룡벽화 등이 등장함으로써 사람과 공룡이 함께 살았다는 증거들이 보여지고 있습니다. 1982~98년 미국 텍사스 클로렌즈의 팔룩시 강 근처에서 발굴된 발자국은 진화론자들을 곤경에 빠뜨리기에 충분한 화석자료였습니다. 공룡의 발자국을 가로지르며 50여 개의 사람 발자국이 선명하게 찍혀 있었습니다.

## 🖋 적용질문

위의 이야기를 듣고 난 후 성경과 진화론 중 어느 것이 더 과학적이라고 생각합니까?

☐ 성경이 더 과학적입니다.　☐ 진화론이 더 과학적입니다.

### 🖉 말씀생각

사람은 하나님의 창조물입니다. 또한 사람은 다른 동물과는 다르게 하나님의 형상을 따라 지은 특별한 존재입니다. 그리고 하나님은 이 특별한 피조물을 통해서 영광 받으시려는 목적을 가지고 계셨습니다. 성경의 말씀은 바로 사람이 어떻게 태어났는지, 그리고 그 사람을 하나님께서 어떻게 사랑하시는지에 대한 러브스토리입니다.

### 🖉 상관질문

창세기 1장 26절은 사람이 어떤 모양으로 창조되었다고 기록하고 있나요? 다시 말하면 우리가 누구를 닮았다고 말씀하고 계십니까?

인간은 ___하나님___ 을 닮았습니다.

하나님께서 말씀하셨습니다. "우리가 우리의 모습과 형상대로 사람을 만들자. 그래서 바다의 물고기와 공중의 새와 온갖 가축과 들짐승과 땅 위에 기어다니는 모든 생물을 다스리게 하자." (창세기 1장 26절)

말씀을 읽고 생각해 보세요.

그 때, 여호와 하나님께서 땅의 흙으로 사람을 지으셨습니다. 그리고 사람의 코에 생명의 숨을 불어 넣으시니, 사람이 생명체가 되었습니다. (창세기 2장 7절)

### ☀ 정리된 생각

인간은 진화된 것이 아닙니다. 창조되었습니다.

## ✐ 바뀐생각

1. 인간은 창조된 것일까요? 진화된 것일까요?

Guide

인간은 창조되었습니다. 근거는 성경에 있습니다. 변하지 않는 진리가 우리가 하나님의 작품임을 알게 해 줍니다.

2. 성경과 진화론 중 어느 것이 더 과학적이라고 생각하나요?

Guide

성경이 과학적입니다. 하지만, 아이들에게 과학적인 것이 진리라고 말해서는 안 됩니다. 과학도 오류가 많이 있습니다. 성경은 우리가 더 과학적이라 믿는 것이 아니라 진리이기 때문에 따르는 것입니다.

3. 진화론이 과학적이지 않은 이유를 자신의 말로 설명해 보세요.

Guide

진화론이 과학적이지 않는 이유는 찰스 다윈도 인정했듯이 하나의 가설이기 때문입니다. 가설이란 객관적으로 현실적으로는 증명되지 않는 어려운 현상을 말합니다.

# ▶ 새 생명의 장애물 3 / 내가 죄인이라고요?

*"예수님을 믿는 첫 걸음은 내가 죄인임을 인정하는 것입니다."*

올림픽 운동 종목 중에서 우리나라의 메달밭으로 불리우는 '양궁'을 아세요? 까마득히 먼 과녁판에 활시위를 힘껏당겨 화살을 쏘아 맞추는 경기로 어디에 꽂혔는가에 따라 점수를 따는 운동이죠. 지금도 가끔 양궁을 생각하면 정중앙에 있는 카메라 렌즈를 맞추는 자랑스런 우리 선수들이 떠오릅니다.

그런데 만약 활시위를 떠난 화살이 과녁을 멀리 벗어나 버린다면 어떨까요? 경기하는 선수나, 관중이나 모두 힘이 빠져버리겠죠? 성경에서 말하는 죄가 바로 이 과녁과 관계가 있습니다. 성경에서 말하는 죄는 '화살이 과녁을 벗어난 상태'를 일컫는 말로 인간이 하나님의 말씀을 벗어나 살아가는 상태를 의미합니다. 하지만 많은 사람들이 이 사실을 알지 못한 채 죄인으로 살아가고 있습니다. 성경에서 말하는 죄를 오해하고 있기 때문이죠.

Guide

죄의 정의를 양궁으로 비유한 예화입니다. 예화 후 적용질문으로 들어가실 때, 많은 아이는 자신이 죄인인 것을 부인합니다. 왜냐하면, 죄인이라는 부정적인 견해 때문입니다. 하지만, 자신이 죄인임을 모르는 사람은 예수 그리스도를 만날 수 없습니다.
아이들이 이렇게 죄인을 부정하는 이유는 죄를 그저 도덕적으로만 이해하기 때문입니다. 하지만, 그것은 죄에 대한 우리의 정의일 뿐입니다.
우리가 새 생명을 얻고자 한다면 새 생명의 기준을 알아야 합니다. 새 생명의 기준은 성경입니다. 그러므로 죄에 대해서도, 죄인의 정의에 대해서도 성경의 기준을 따라야 합니다.

✎ 적용질문
자신이 심각한 죄인이라는 것을 느껴본 경험이 있습니까?

☐ 예, 있습니다.　　☐ 아니오, 전혀 없습니다.

🖉 **믿음생각**

지옥의 존재를 믿지 않으려는 것은 인간이 심판받은 또 하나의 증거입니다. 혼자 어둠 속에 있을 때 무서움을 느낀 적이 없나요? 아무리 죽음이 두렵지 않다고 큰 소리를 치는 사람들도 막상 죽음 앞에서는 모두 두려움을 감추지 못합니다. 왜일까요? 죽음 이후의 삶에 대해 두려움을 갖고 있기 때문입니다. 지옥이 있다는 것을 알기 때문이죠. 이것은 당신이 죄인인 것을 증명합니다. 그렇다면 죄란 무엇일까요?

🖉 **적용질문**

아래 보기에서 자신이 죄라고 생각하는 것에 체크해 보세요.

☐ 살인이나 간음
☐ 교통법규를 어기고 신호를 무시
☐ 친구를 미워하는 것
☐ 음란잡지 또는 음란한 채팅을 하는 것
☐ 거짓말과 욕설
☐ 하나님을 믿지 않는 것

> Guide

> 보통 하나님을 믿지 않는 것 외에 다른 것을 체크합니다. 그것은 아이들의 죄에 대한 인식이 도덕적인 부분에만 국한되어 있음을 단적으로 증명합니다. 앞서 설명했듯이 죄에 대한 성경의 소리에 귀를 기울여야 합니다.

다음 성경을 찾아 죄에 대해 적어보세요.

■ 요한일서 3장 4절

죄를 짓는 자는 하나님의 법을 깨뜨리는 사람입니다. <u>죄를 짓는다는 것</u> 은 <u>하나님의 법을 어기며 사는 것</u> 과 같습니다.

■ 마태복음 5장 22절

자기 형제에게 <u>화를 내는 사람</u> 은 <u>재판정</u> 에 설 것이며, 자기 형제에게 <u>나쁜 말을 하는 사람</u> 도 산헤드린 법정에 설 것이다. 또한 자기 형제에게 <u>바보라고 하는 사람</u> 은 지옥불에 던져질 것이다.

■ 요한복음 16장 9절

그분은 사람들이 나를 믿지 않은 것이 바로 <u>죄</u> 라는 것을 말해주실 것이며

성경이 말하는 죄의 정의에 대해 이야기해 줄 수 있습니다. 세 가지 정의가 나오는데, 첫 번째는 죄는 불법이라는 것입니다. 불법은 법이 아니라는 것입니다. 그러므로 불법을 무법이라고 말할 수 있습니다. 무법은 법이 없는 것입니다. 하지만, 곰곰이 생각해 보면 무법은 있습니다. 무법을 지키는 사람이 있기 때문입니다. 무법을 지키는 사람을 무법자라고 말합니다. 무법자는 법을 지키지 않지만 한 가지 지키는 것이 있습니다. 그것은 자기 마음대로 한다는 것입니다. 자기 마음대로 법을 어깁니다. 자기 마음대로 행동합니다. 그러므로 무법자는 법이 없는 사람이 아니라 자기 마음을 법으로 삼아 행동하는 사람입니다. 따라서 첫 번째, 불법의 정의는 하나님의 말씀을 따르지 않고 자기 마음을 따라 행동하는 사람을 이야기합니다. 첫 번째 정의가 가장 중요합니다.

두 번째가 좀 더 실제적인 정의가 됩니다. 하지만, 첫 번째와 맞물려 생각해보면 왜 형제와 자매를 바보라고 하겠습니까? 자기 마음에 내키니까 바보라고 욕하는 것입니다.

마지막은 하나님을 믿지 않는 것 역시 죄라고 기록합니다. 이 세 가지 전제에 대해 순차적으로 아이들에게 설명하되 첫 번째의 정의를 보다 더 강조해야 합니다.

✎  믿음보기

죄의 심각성을 일깨워주는 예화가 있습니다.

에스키모인들이 늑대를 사냥할 때 쓰는 방법입니다. 늑대는 워낙 무리지어 다니고 빠르기 때문에 좀처럼 쉽게 잡히지 않습니다. 그래서 에스키모인들은 칼에 피를 바르고 굳히는 작업을 여러 번에 걸쳐서 한답니다. 그러면 칼에 자연스레 피 냄새가 스며드는데 이렇게 만들어진 칼을 늦은 저녁 바닥에 꽂아 놓으면 늑대가 저녁에 피 냄새를 맡고 와 혓바닥으로 칼을 핥는 답니다. 그런데 칼을 혀로 핥으면 어떻게 될까요? 혀가 베이겠죠?

그러나 늑대는 피 냄새에 정신이 팔려 계속 빨게 됩니다. 늑대의 베인 혀에서 피가 나오면 더욱 더 세게 칼을 빨게 됩니다. 그리고 아침이 되면 자신의 몸에 피가 모두

빠져 늑대는 죽습니다.

죄의 심각성이 여기에 있습니다. 죄는 우리가 잘 알지 못하는 순간에 우리를 유혹하고 그 끝은 영원한 죽음으로 우리를 이끌게 되어 있습니다. 바로 자신의 피가 흐르는 것을 느끼지 못하고 칼날을 빨아대는 늑대처럼 말이죠.

### 적용질문

늑대가 피를 흘리면서까지 칼날을 빨아먹는 이유가 뭐라고 생각하나요?

⌄Guide

> 그것은 자신의 혀가 베이는 줄도 모를 정도로 피가 맛있기 때문입니다. 그리스도인들이 죄를 경계해야 하는 이유도 여기 있습니다. 죄는 그토록 달콤합니다.

로마서 3장 23절은 누가 이 늑대처럼 어리석은 죄인이라고 기록하고 있나요?

___모든 사람___ 이 죄인입니다.

**모든 사람이 죄를 지어 하나님의 영광에 이를 수 없게 되었습니다. (로마서 3장 23절)**

### 말씀생각

성경은 모든 사람이 죄인임을 분명히 증거 해 주고 있습니다. 그리고 그 모든 죄에는 반드시 심판이 있다고 기록하고 있습니다. 죄를 지으면 반드시 결과가 있는 것이죠. 죄에는 어떤 결과가 있을까요?

### 상관질문

야고보서 1장 15절은 죄의 결과를 어떻게 기록하고 있나요?

죄는 점점 자라 죄인에게 __죽음__ 을 가져옵니다.

**욕심은 죄를 낳고, 죄는 점점 자라 죽음을 가져옵니다. (야고보서 1장 15절)**

성경말씀을 찾아 아래 빈칸을 채워 보세요.

제아무리 __의롭다__ 해도 죄짓지 않는 사람은 __세상__ 에 없다. (전도서 7장 20절)

그러므로 여러분은 __회개__ 하고 하나님께로 돌아오십시오. 그리하면 여러분의 ____죄____ 는 씻음받을 것입니다.(사도행전 3장 19절)

## ☼ 정리된 생각

모든 사람은 죄인이며, 이 죄를 씻음받는 유일한 길은 예수 그리스도를 믿는 것입니다.

Guide

자신의 기준으로 죄인을 정의하지 않고 성경의 기준을 따라 정의하는 것이 중요합니다. 아이들에게 성경의 명확한 기준을 정리해 제시해 주시고, 정리된 생각을 통해 요약해 주세요.

## ✐ 바뀐생각

1. 죄란 무엇인가요? 배운대로 정의를 내려 보세요.

Guide

죄에 대한 세 가지 정의에 대해 기록할 수 있습니다.
- 죄란 곧 불법입니다.
- 죄란 내 형제나 자매를 욕하는 것입니다.
- 죄란 하나님을 믿지 않는 것입니다.

2. 당신의 죄가 씻음받기 위해서 해야 할 유일한 일은 무엇인가요?

Guide

우리의 죄가 씻음 받기 위한 유일한 길은 예수 그리스도께 가까이 가는 것입니다. 그리고 자신이 지었던 모든 죄가 용서받기를 기도해야 합니다. 이것을 가리켜 회개라고 합니다.

3. 당신이 가진 새 생명의 3가지 장애물 중 가장 시급하게 버려야 할 것은 무엇인가요?

Guide

새 생명의 3가지 장애물 중 자신에게 적용해야 할 것이 무엇인지 묻는 질문입니다. 다시 한번 3가지 장애물인 보이지 않는 것, 진화론, 죄에 대해 정리해 주시고 아이들이 스스로 적용해 볼 수 있도록 유도해 주세요.

## 2과 어떻게 새 생명을 얻을 수 있나요?

### ▶ 새 생명 얻기 1 / 하나님의 사랑을 믿어야 합니다.

"하나님은 사랑이십니다."

이탈리아 피사대 연구팀이 발견한 재미있는 연구결과가 있습니다. 이른바 '사랑의 유통기한'이라고 할 수 있는데요. 남, 여가 사랑할 때 우리의 몸에서 '뉴트로핀'이라는 호르몬이 분비된대요. 그런데 바로 이 호르몬이 2년이라는 유통기한을 갖고 있어서 2년 후에는 처음처럼 열렬하게 사랑하지 못한다는 것입니다.

### ✎ 적용질문

누군가를 진심으로 사랑해 보거나 사랑받아 본 경험이 있었나요?

☐ 예, 있습니다.  ☐ 아니오, 전혀 없습니다.

사랑하거나 받아본 게 언제인지 시기를 쓰시고, 옆 친구와 짧게 나눠보세요.

Guide

새 생명의 장애물을 넘었다면 우리가 물어야 할 질문은 그렇다면 새 생명을 어떻게 얻을 수 있느냐는 것입니다. 본 단원에서 3가지 비결을 제시해 줍니다. 그 첫 번째 비결로 먼저 하나님의 사랑을 믿어야 함을 말할 수 있습니다. 그에 따라 예화를 통해 사랑의 유통기한이 있음을 말해주시고 적용질문으로 넘어가세요. 하지만, 포인트는 하나님의 사랑에 유통기한이 있다는 것이 아니라, 사랑 그 자체를 생각하기 위한 출발점임을 기억하셔서 너무 길지 않게 이끌어 주세요.

## 🖉 믿음생각

사람이 사랑할 때 분비되는 호르몬에는 유통기한이 있지만 변질되거나 상할 염려 없는 영원한 유통기한을 가진 사랑이 있습니다. 바로 하나님의 사랑입니다. 하나님은 모든 사람을 사랑하십니다. 공부를 못해도, 외모가 뛰어나지 않아도, 마음이 착하지 않아도, 차마 말 못할 허물이 있어도 하나님의 사랑은 우리가 상상할 수 있는 그 무엇보다 크기 때문에 우리 친구들을 사랑하십니다.

## 🖉 적용질문

자신의 부족함(경제적 어려움, 외모, 성적 등) 때문에 하나님께 나아가는 것이 어렵다고 느낀적이 있었나요?

☐ 예, 가끔 있었습니다.  ☐ 아니오, 전혀 없었습니다.

## 🖉 상관질문

사무엘상 16장 7절은 사람이 보는 것과 하나님이 보시는 시각의 차이를 어떻게 설명하고 있습니까?

사람은 <u>겉모양(외모)</u> 을 보지만 하나님은 <u>마음(중심)</u> 을 보십니다.

엘리압의 멋있는 모습과 키 큰 모습을 보지 마라. 나는 엘리압을 뽑지 않았다. 내가 보는 것은 사람이 보는 것과 같지 않다. 사람은 겉모양을 보지만, 나 여호와는 마음을 본다. (사무엘상 16장 7절)

〜Guide

> 하나님이 사무엘을 통해 이스라엘의 두 번째 왕을 세우시는 기준이 무엇인지 말해주는 본문입니다. 아이들을 상담하다 보면 의외로 많은 아이가 자존감과 열등감 속에 하나님께 나아가는 것조차 어려움을 느끼는 것을 볼 수 있습니다. 하지만, 하나님은 결코 외모를 중요하게 생각하지 않으십니다. 사람만이 외모를 중요하게 여깁니다. 하나님께 중요한 것은 외모가 아니라 마음입니다.

어느 죄수의 아버지가 있었습니다. 아버지는 매주 토요일에 감옥에 갇혀 있는 아들에게 면회를 왔습니다. 그러나 아들은 아버지를 보지 않겠다고 면회를 거절했습니다. 그런데도 아버지는 토요일이 되면 어김없이 찾아와서 면회를 신청했고, 거절당하고 돌아가곤 했습니다. 그러나 아버지의 사랑은 헛되지 않았습니다. 아버지의 스물다섯 번째 면회에서 반 년 만에 아들은 눈물로 아버지를 맞았던 것입니다.

아무도 거들떠보지도 않고 멸시받아 마땅했던 이 죄수를 아버지는 왜 계속 찾아왔을까요? 그것은 바로 아들을 사랑하는 아버지이기 때문입니다.
이처럼 아버지가 아들을 찾아온 것을 '사랑' 이라고 말하고, 아들이 아버지를 받아들이는 것을 '영접' 이라고 말합니다.

✐ **적용질문**
자라면서 부모님의 사랑을 가장 크게 느껴본 경험이 있나요? 있다면 언제였는지 짧게 나눠 보세요.

생각만해도 기분좋은 그 때는 ＿＿＿＿＿＿＿＿＿ 때 였습니다.

✎Guide

> 단 한 줄 또는 한 낱말을 통해 자신만의 이야기를 써 내려가는 질문입니다. 가볍게 이야기해 주시고 지나가 주세요.

✐ **상관질문**
요한계시록 3장 20절은 예수님의 사랑이 우리에게 어떻게 찾아온다고 기록되어 있습니까?

예수님은 ＿문＿ 밖에 서서 우리를 기다리고 계십니다.

보아라! 내가 문 앞에 서서 이렇게 두드리고 있다. 만일 누구든지 내 음성을 듣고 문을 열면, 내가 그에게로 들어가 그와 함께 먹고, 그도 나와 함께 먹을 것이다. (요한계시록 3장 20절)

Guide

> 문밖에 서서 기다리시는 예수님께 문을 열어드리는 것이 하나님의 사랑을 믿는 것입니다. 하나님이 이 세상의 그 누구보다 나를 더 사랑하신다는 사실을 믿기로 결단하는 것입니다. 아이들에게 강조해 주시고 하나님의 사랑에는 차별이 없음을 말해 주세요.

### ✎ 말씀생각
성경은 "하나님께서는 세상을 사랑하여 독생자를 주셨다. 이는 누구든지 그의 아들을 믿는 사람은 멸망하지 않고 영생을 얻게 하려 하심"이라고 말씀하셨습니다 (요한복음 3장16절). 하나님은 우리를 살리시기 위해 그 분의 독생자 예수 그리스도를 이 땅에 보내신 사랑의 아버지이십니다. 우리가 그 분을 영접한다면 말이죠!

### ✎ 상관질문
영접하는 것을 성경에서 무엇이라고 기록하고 있나요?

영접하는 것은 그 이름을 믿는 것입니다.

누구든지 그분을 영접하는 사람들, 그분의 이름을 믿는 사람들에게는 하나님의 자녀가 되는 자격을 주셨습니다. (요한복음 1장 12절)

### ☼ 정리된 생각
영접하는 것이 곧 믿음이고 믿음은 사랑을 받아들이는 것입니다.

Guide

> 영접의 사전적인 의미는 '손님을 맞아 접대함' 이라는 뜻입니다. 마치 기다리던 손님을 집으로 맞이하는 주인의 마음처럼 준비와 설렘으로 하나님을 믿기로 결단해야 합니다.
> 그분의 사랑을 받아들이고 믿을 때, 영접할 수 있습니다.

## ✏️ 바뀐생각

1. 다음 중 우리에게 먼저·다가온 것은 무엇입니까?(□안에 체크 해 보세요)

   ☐ 하나님을 믿으려는 우리의 의지
   ☐ 하나님의 사랑

   Guide

   우리가 먼저 하나님을 사랑하기로 결심한 것이 아니라 하나님의 사랑이 우리에게 먼저 부은바 된 것입니다. 요한일서 4장 19절은 이렇게 기록하고 있습니다. "하나님께서 우리를 먼저 사랑해 주셨기 때문에 우리도 사랑해야 합니다."라고 기록하고 있습니다. 하나님의 사랑이 우리에게 먼저입니다. 그래서 은혜이고, 그래서 감사라고 말하는 것입니다.

2. 하나님을 영접한다는 것은 곧 무엇을 말하는 것인가요?

   Guide

   하나님을 영접한다는 것은 곧 그분의 사랑을 받아들이고 믿기로 결단하는 것입니다. 더 나아가 예수 그리스도를 나를 죄에서 구원해 주신 분이요. 내 삶의 주인으로 믿는 것입니다.

## ▶ 새 생명 얻기 2 / 예수 그리스도를 내 인생의 구원자요, 주인으로 믿어야 합니다.

### 어떻게 하나님의 사랑을 받아들일 수 있을까요?

어떤 목사님이 성경공부 시간에 참여한 성도들에게 질문했습니다.
"여러분은 언제 예수님을 구세주로 믿기 시작하였습니까?"
한 성도가 이렇게 대답하였습니다.
"우리 집안은 전통적인 기독교 집안입니다. 아버지가 기독교인이고 할아버지가 기독교인이고 할아버지의 할아버지도 기독교인이었습니다. 그래서 저는 태어날 때부터 기독교인이었습니다."
그 말을 들은 목사님이 이렇게 이야기했습니다.
"하나님께는 손자가 없습니다. 자녀만 있습니다."

혹시 여러분도 이런 신앙의 집안을 자랑하지는 않나요?
기억하세요. '내가 만난 예수님'이 필요하답니다.

#### 🖉 적용질문
당신은 기독교 집안에서 태어났습니까?

　□ 네!　□ 아니오!

#### 🖉 상관질문
요한복음 1장 12절은 예수님을 내 인생의 구원자요, 주님으로 믿는 사람들에게 무엇이 주어진다고 기록하고 있습니까?

하나님의 자녀가 되는 자격

> 그러나 누구든지 그분을 영접하는 사람들, 그분의 이름을 믿는 사람들에게는 하나님의 자녀가 되는 자격을 주셨습니다. (요한복음 1장 12절)

Guide

이전과 달리 요즘은 모태 신앙의 아이들이 많이 있습니다. 모태 신앙을 둘러싼 웃지 못할 이야기는 '기도 못해(모태), 찬양 못해, 전도 못해…'라고 해서 모태 신앙이랍니다. 무슨 말입니까? 집안이 기독교라는 것으로 모든 것이 해결되리란 헛된 생각을 버리라는 것입니다.
예수님을 내 인생의 구원자요, 주인으로 믿는 사람은 그 자신이 믿는 것이지 대신 믿어주거나 기독교 집안이라고 물려받는 유산은 없는 것입니다.

### ✎ 믿음생각

예수님을 믿기만 하면 천국에 들어간다는 것이 왠지 싱겁게 느껴지지 않나요?
'겨우 믿기만 하면 되다니...' 하고 예수님을 그냥 건성으로 믿어주겠다고 머리로
만 동의하는 사람이 있습니다. 또 어떤 친구는 감정적인 느낌이 와야 되는 줄로 생
각합니다. 하지만 그런 친구는 아직도 믿음이 무엇인지 알지 못하는 친구입니다.
그렇다면 믿음은 무엇일까요?

믿음이란, 정확히 예수님이 나를 죄에서 구원해준 분이요, 내 인생의 주인이라는
것을 마음으로 인정하고 살아가는 것입니다. "예수님이 내 삶의 구주"라는 것을 받
아들이는 것이에요. 그러기에 자신의 죄를 깨닫지 못하고 구원받을 필요를 간절히
느끼지 못하거나 구원은 받고 싶은데 예수님을 내 인생의 주인으로 받아들일 마음
이 없다면 그는 아직 구원받지 못한 사람입니다.

### ✎ 상관질문

요한복음 14장 6절은 하나님께 가기 위한 유일한 길을 누구라고 소개하고 있나요?


예수님께서 대답하셨습니다. "내가 바로 그 길이요. 진리요. 생명이다. 나를 통하지 않고
는 아버지께로(하나님) 올 사람이 없다."(요한복음 14장 6절)

⌄Guide

> 길이란 무엇입니까? 목적지까지 이어져 있는 방법입니다. 우리가 하나님께 나아갈 때도 길이
> 있습니다. 그런데 그 길은 하나입니다. 'A way'가 아니라 'The Way'입니다. 하나님께 가는
> 길은 예외가 없고, 지름길이 없습니다. 그 길은 예수님뿐입니다.

손을 놓으면 발아플텐데!!

예수님을 잘 믿는다고 큰 소리치던 젊은이가 그랜드 캐년을 여행하다가 그만 실수로 발을 헛디뎌 절벽 아래로 떨어졌습니다. 그런데 다행히 절벽에서 자라난 자그만 나뭇가지를 붙잡아 생명을 보존하고 있었습니다. 바로 그때, 그는 위를 향해 소리쳤습니다. "거기 누구 없어요? 날 좀 구해주세요!" 라고 말입니다.

그러자 하늘에서 음성이 들려왔습니다. "나는 하나님이다. 내가 널 구해줄 수 있다고 믿느냐?" 젊은이는 즉시 대답했습니다. "그럼요. 믿고 말구요. 저는 교회도 잘 다니고 신앙생활도 성실히 하던 사람입니다. 저를 빨리 구해주세요!" 그 고백을 들으시던 하나님께서 말씀하셨습니다. "알겠다. 그럼 네가 붙잡고 있는 그 작은 나뭇가지를 놓거라." 하자 어안이 벙벙해진 그 젊은이는 잠시 후 이렇게 소리쳤습니다. "거기 누구 다른 사람 없어요?" 그의 믿음은 진정한 믿음이 아니었던 것입니다.

## ✎ 적용질문

믿는다는 것은 이렇게 전적으로 예수님을 신뢰하는 것을 의미합니다. 야고보서 1장 6-8절을 읽어보시고 당신의 믿음의 수준이 어디까지 와 있는지 나눠보세요.

Guide

> 사실 믿음의 수준을 가늠한다는 것은 어렵습니다. 그러나 다른 사람의 믿음은 몰라도 자신의 믿음은 가늠해 볼 줄 알아야 합니다. 제시된 야고보서는 바로 그런 기준을 말해줍니다. 신뢰란 무엇인가에 대한 기준입니다.

하나님께 구할 때는 믿고 구해야 합니다. 조금도 의심하지 마십시오. 의심하는 자는 바다 물결같이 바람에 밀려 이리저리 움직이는 것과 같습니다. 그런 사람은 주님께 무엇을 받을까 하고 기대하지 마십시오. 왜냐하면 그는 두 마음을 품어 자기가 하는 일에 방향을 못 잡고 헤매는 자이기 때문입니다. (야고보서 1장 6-8절)

## ✎ 말씀생각

믿음이란 이처럼 누구나 가질 수 있지만 반대로 아무나 가질 수 없습니다. 이 세상의 수많은 유혹 속에서 성공적으로 자신을 지켜나가는 사람만이 누릴 수 있습니다. 두 마음을 품지 않고 오직 하나님 한 분을 믿는 사람을 오늘도 주님은 찾고 계십니다.

## ✎ 상관질문

성경은 요한복음 3장 36절을 통해 아들(예수 그리스도)을 믿는 자들에게 무엇이 있다고 약속하고 있습니까?

영생(영원한 생명)

아들을 믿는 사람은 영생이 있지만, 아들을 거역하는 사람은 생명을 보지 못하고 도리어 그에게 하나님의 진노가 있을 것이다. (요한복음 3장 36절)

하나님께 구할 때는 믿고 구해야 합니다. 조금도 의심하지 마십시오. 의심하는 자는 바다 물결같이 바람에 밀려 이리저리 움직이는 것과 같습니다. (야고보서 1장 6절)

진정한 믿음이 있다면 의심하지 말고, 오늘 내 인생의 구원자로 예수님을 받아들이세요. 그것이 구원의 길입니다.

## ☼ 정리된 생각

하나님의 사랑을 받아들였다는 것은 예수님을 내 인생의 주인으로 모셨다는 것입니다.

## ✐ 바뀐생각

1. 예수님을 믿기 전에 당신이 믿었던 것은 무엇인가요?

Guide

> 예수님을 믿기 전에 믿고 살았던 것은 대부분 자기 자신입니다. 자기 자신을 믿기 때문에 모든 행동의 기본이 자신이 됩니다. 그러나 예수님을 믿으면 예수님이 기준이 됩니다.

2. 새 생명을 얻기 위한 두 번째 생각은 무엇입니까?

Guide

> 새 생명을 얻기 위한 두 번째 생각은 예수 그리스도를 내 인생의 구주(구원자)요 주인으로 믿어야 합니다.

3. 예수님을 믿으면 우리에게 무엇이 생기나요?

Guide

> 성경의 진리는 예수님을 믿으면 우리에게 영생(영원한 생명)이 주어집니다.

## ▶ 새 생명 얻기 3 / 하나님의 말씀을 믿어야 합니다.

새 생명을 얻었다는 것을 어떻게 확신할 수 있을까요?

고대 언어학의 권위자였던 윌슨 박사에게 어느 날 두 명의 대학생이 찾아왔습니다. 그들은 여러 가지 말로 성경이 하나님의 말씀이 될 수 없다는 주장을 하였습니다. 그 때 학생들의 말을 조용히 듣고 있던 윌슨 박사가 물었습니다.
"그런데 자네들은 성경을 몇 번이나 읽어보고 그렇게 말하는가?"
두 학생은 서로 얼굴만 쳐다볼 뿐이었습니다. 아무 말을 하지 못하자 윌슨 박사가 또 물었습니다.
"그러면 한 번은 읽었겠지?"
그래도 대답이 없었습니다. 그러자 윌슨 박사는 이렇게 말했습니다.
"나는 40년간 매일 밤 열 시부터 새벽 두 시까지 성경을 연구했네. 그리고 나는 이 책이 하나님의 말씀이라는데 조금도 의심이 없네. 우선 두 세 번 읽어 보고 오게나."
학생들은 더 이상 어떤 말도 할 수 없었습니다.

✎ **적용질문**
당신은 성경을 하나님의 말씀이라고 믿고 있나요?

☐ 네!    ☐ 아니오!

많은 친구들이 성경을 올바로 읽지도 않으면서 무턱대고 말씀을 믿을 수 없다고 말합니다. 그러나 성경을 한 번이라도 읽어보고 하는 소리일까요?

᙭Guide

> 예화의 이야기처럼 아이들은 실제로 성경을 제대로 읽어보지 않고 무턱대고 진리를 의심합니다. 하지만, 이것이 인간의 실존입니다. 인간은 늘 의심합니다. 좋은 것을 주어도 좋은 것으로 받아들이지 못합니다. 그런 인간의 죄성에도 불구하고 하나님은 2천 년이나 변하지 않는 진리의 말씀인 성경을 주셨습니다. 하나님께 의심하는 시간만큼 성경을 읽도록 도전하십시오.

### 🖉 믿음생각

미국 농담에 '거북이 교인'이란 말이 있습니다. 새는 9일간 먹지 않고 살 수 있고 사람은 12일 정도이고 개는 20일간을 견딜 수 있다고 합니다. 그런데 거북이는 5백일을 먹지 않아도 산다고 합니다. 그래서 참다운 영혼의 양식인 하나님의 말씀 없이 사는 신자를 '거북이 교인'이라고 부른답니다.

오늘날에는 이런 거북이 교인이 참 많기 때문에 성경을 믿기는커녕 읽지도 않고 자신의 힘으로 하나님을 믿으려고 안간힘을 쓰는 사람이 참 많이 있습니다. 그래서 진정한 믿음을 소유하지 못하고 자신의 생각을 가진채 하나님을 따르려하다가 자신의 옛 모습으로 돌아가는 어리석은 사람이 참 많이 있습니다. 하지만 하나님의 약속인 성경을 읽는 사람은 구원의 확신을 가질 뿐 아니라 하나님의 도우심을 경험하며 살게 된답니다.

### 🖉 적용질문

당신이 최근 성경을 읽은 때는 언제 입니까?

☐ 오늘  ☐ 어제  ☐ 일주일 전  ☐ 한 달 전  ☐ 기억안남

### 🖉 상관질문

로마서 10장 17절은 믿음은 무엇을 통해 가능하다고 기록하고 있나요?

믿음은 말씀을 듣는 것이며 말씀은 그리스도의 말씀입니다.


따라서 믿음은 말씀을 듣는 것에서 얻게 되고 말씀을 듣는 것은 그리스도의 말씀을 통해서 얻게 됩니다. (로마서 10장 17절)

Guide

거북이 교인의 이야기는 그만큼 우리가 성경을 읽지 않고 산다는 것입니다. 실제로 아이들은 힘겨운 영적 싸움을 치룹니다. 일주일에 성경을 보는 유일한 시간은 예배시간과 공과공부시간 입니다. 왜 힘든 싸움이겠습니까? 말씀으로 인도되지 않는 삶을 살기 때문입니다. 말씀의 중요성을 교사의 삶을 통해 간증해 주십시오.

✏️ 믿음보기

한 소녀가 교사에게 "나는 천국에 갈 때, 성경을 가지고 갈 거예요."라고 말하자 교사는 "왜?"하고 물었습니다. 그 때 이 소녀는 이렇게 대답했습니다. "만약 예수님께서 제게 '어떻게 천국에 왔니?' 라고 물으시면, 마태복음 11장 28절을 가리키면서 「모두 나에게 오라」고 말씀 하셨잖아요.' 라고 대답하려고요."라고 말했습니다. 얼마나 단순하고 분명한 믿음입니까?
그래서 예수님은 누구든지 어린아이와 같지 아니하면 천국에 들어갈 수 없다고 말씀 하셨습니다.

✏️ **적용질문**
당신이 천국에 간다면 "어떻게 오셨나요?"라는 질문에 어떻게 대답하시겠습니까?
마태복음 7장 21절을 읽어보고 자신의 믿음을 점검해 보세요.

Guide

정답은 없습니다. 아이들이 자신의 생각을 이야기할 수 있도록 유도해 주십시오. 성경은 하나님의 뜻대로 행하는 사람이 하늘나라에 들어간다고 기록합니다. 하나님의 뜻이 어디에 기록되어 있습니까? 성경입니다.

나에게 '주님, 주님'이라고 말하는 사람 모두가 하늘 나라에 들어가는 것은 아니다. 하늘에 계신 내 아버지의 뜻대로 행하는 사람만이 하늘 나라에 들어갈 것이다. (마태복음 7장 21절)

### ✏️ 말씀생각

성경을 제대로 읽지 않고 기록된 하나님의 말씀을 제대로 행하지도 않으면서 그리스도인이라고 말하는 사람이 우리 주변에 참 많이 있습니다. 그러나 하나님의 말씀이 기준이 되지 않는 삶은 오래가지 않습니다. 말씀 앞에 늘 자신을 비춰보고 다시한번 용기를 내어 그 말씀을 삶으로 살아간다면 그제서야 주님이 우리를 보고 "잘했다, 착하고 충성된 아들아, 딸아."하시며 칭찬해 주시지 않을까요? 저 천국에서말이죠!

### ✏️ 상관질문

요한일서 5장 13절에서 성경이 쓰여진 까닭을 어떻게 기록하고 있습니까?

> 영원한 생명이 있음을 알게 하기 위해서입니다.

나는 하나님의 아들을 믿는 여러분에게 이 편지를 씁니다. 내가 이렇게 편지를 쓰는 것은, 이제 여러분에게 영원한 생명이 있음을 알리기 위해서입니다. (요한일서 5장 13절)

아래의 빈 칸을 말씀을 찾아 채워 보세요.

하나님께서 우리에게 성경을 주신 까닭은 "이 책에 있는 표적들을 기록한 것은 여러분들로 하여금 ___예수님___ 께서 하나님의 아들 ___그리스도___ 이심을 믿게 하고, 그 분의 이름을 믿음으로써 ___생명___ 을 얻게 하기 위해서입니다."
(요한복음 20장 31절)

### ☀️ 정리된 생각

믿음의 확신(새 생명의 확신)은 오직 하나님의 말씀이 근거되어야 합니다.

Guide

상관질문의 말씀은 우리에게 많은 교훈이 됩니다. 먼저, 편지를 쓰는 대상을 '하나님의 아들을 믿는 사람들'이라고 소개합니다. 그러므로 성경은 예수님을 믿는 사람이 봐야 제대로 알 수 있습니다. 하지만, 정작 그리스도인들은 성경이야말로 믿지 않는 사람이 읽어야 한다고 생각합니다. 아닙니다. 우리가 믿고 읽어 그들에게 전해야 합니다. 더불어 그 목적은 영원한 생명이 하나님께 있음을 알리기 위해서라고 기록합니다. 믿는 자와 영생, 이것은 말씀을 통해서만 깨달을 수 있는 진리입니다.

✏️ **바뀐생각**

1. 생명(영생)이 우리에게 주어졌다는 것을 무엇이 기록해 주고 있나요?

Guide

우리가 무엇을 믿는 사람들인가 생각하게 하는 질문입니다. 우리의 모든 믿음의 근거는 말씀입니다. 말씀이 증명해 주기 때문에 누가 묻더라도 말씀으로 대답해야 합니다.

2. 성경이 기록된 목적은 무엇입니까?

Guide

요한일서 5장13절의 말씀입니다. 우리에게 영원한 생명이 있음을 알게 하기 위해 쓰였습니다.

3. 우리가 예수님을 믿어 새 생명을 얻었다는 것을 무엇이 증명해주나요?

Guide

1번 질문과 더불어 같은 맥락으로 이해할 수 있는 질문입니다. 새 생명을 얻은 증거 역시 말씀 속에 있습니다. 나 자신의 느낌이나 신비한 것에 의존하기보다 말씀을 의지하는 자가 생명 속에 거하는 사람입니다.

# 3과 어떻게 생명의 다리로 건너갈 수 있을까요?

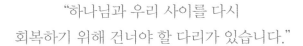

"하나님과 우리 사이를 다시
회복하기 위해 건너야 할 다리가 있습니다."

인류의 첫 사람이었던 아담은 하나님과 가까이 지냈습니다. 그는 에덴동산에 살면서 하나님과 대화했고 그 분의 말씀에 순종했습니다. 어느 날은 아담이 혼자 지내는 것이 쓸쓸해 보여 '여자' 인 하와를 만들어 주셨습니다(창세기 2장 18절). 이렇게 아담과 하와는 늘 하나님과 동행하는 삶을 살았습니다. 그런데 이 관계가 깨어진 한 사건이 발생합니다. 아담과 하와가 뱀의 유혹에 빠져 하나님의 명령을 거역한 것이었습니다(창세기 3장 1절). 이 사건이후 사람과 하나님 사이에는 커다란 골짜기가 생겨났습니다. 누군가 다리가 되어주지 않고는 건널 수 없는 마음의 벽이 생긴 것입니다

## ✎ 적용질문

친구들과 친하게 지내다가 남남처럼 등돌린 경험이 있나요? 그 때의 기분은 어땠나요?

☐ 네!  ☐ 아니오!

그 때의 기분은 한마디로 _____였습니다.

어려운 일을 당할 때 누군가 대신 그 일을 해결해 주거나, 중간에서 좋은 역할을 해준다면 당신은 그 친구에게 어떤 식으로 고마움을 표시하겠습니까?

☐ 편지나 e-mail, 문자메세지 등으로 고맙다고 말한다.
☐ 선물을 사 주거나 밥을 사 준다.
☐ 그 친구가 어려움을 당할 때 해결해 주려고 노력한다.

샌프란시스코의 유명한 금문교(Golden Gate Bridge) 공사는 두 단계로 나누어 진행되었다고 합니다. 첫 단계인 다리의 절반 공사를 하는 동안 사고로 23명이 목숨을 잃었습니다. 안전이 심각한 문제로 떠오르자 공사비용이 더 들더라도 안전하게 공사를 진행시키자는 여론이 일어 당시로는 매우 큰 액수인 10만불을 추가하여 대형 그물받이를 설치했다고 합니다. 나머지 절반공사인 둘째 단계에서는 불과 10명이 공사 중에 추락했으나 그들 모두는 그물받이 덕분에 생명을 구했다고 합니다. 그런데 여기서 중요한 것은 나머지 절반공사가 훨씬 더 난공사였는데도 어떻게 첫 단계에 비해 더 적은 인원만이 추락했는가 하는 것입니다. 물론, 경험의 축적도 중요한 원인이었으나 그보다 더 중요한 원인은 다리 아래 그물받이가 설치되었다는 사실에서 오는 '안전감' 의 확신 때문이었다고 합니다.

✎ 적용질문

당신의 삶에 가장 안정적이었다고 생각하는 순간은 언제였나요? 시편 18편 2절의 고백을 찾아 읽어보시고 우리의 삶에 참된 안정을 가져올 수 있는 분은 누구인지 나눠보세요.

여호와는 나의 반석, 나의 요새, 나의 구원지이십니다. 나의 하나님은 피할 바위이십니다. 주님은 나의 방패, 구원하시는 뿔, 나의 산성이십니다. (시편 18장 2절)

### 🖊️ 믿음보기

그물받이가 주는 안정감처럼 우리가 살아갈 때 세상을 안전하게 건널 수 있게 하는 다리가 있습니다. 그 이름은 바로 '생명의 다리' 입니다.

~ Guide

> 생명의 다리는 순차적으로 읽어내려가면 이해될 수 있습니다. 지문중심의 교과이기 때문에 따로 교안을 가질 필요가 없습니다. 중요한 것은 교사가 얼마나 이 내용을 숙지 또는 암기하고 있는가 하는 것입니다.
>
> 그래서 생명의 다리를 교수할 때는 몇 가지 필요한 요건이 있습니다. 먼저, 교사인 우리가 생명의 다리에 나오는 요절을 암송해야 합니다. 요절을 암송하며 설명하는 것이 보면서 가르치는 것보다 효과적이며 아이들 역시 교수내용에 큰 신뢰를 갖게 하는 귀중한 도구입니다.
>
> 또 한가지는 가급적 생명의 다리 전체의 내용을 머릿속에 암기하고 가르치라는 것입니다. 공과를 보시면 아시겠지만 교수안은 내용의 전개에 따라 있습니다. 따로 교안이 필요없는 단원이라고 할 수 있습니다. 그러므로 단지 흐름에 따라 읽어 내려가기만 한다면 아이들이 읽은 것과 다를 바 없습니다. 전체의 내용을 충분히 숙지한 후에 아이들에게 가르치면 아이들의 눈과 교사의 눈이 마주치는 교육을 할 수 있습니다. 그런 교육은 성령께서 인도하십니다. 가르치는 교사인 우리의 마음이 먼저 뜨겁게 될 것입니다.

### ① 하나님과 인간의 관계(창세기 1장 27절)

하나님이 인간을 창조하셨습니다. 창세기 1장27절은 인간이 하나님의 형상대로 창조되었다고 기록하고 있습니다. 그렇게 창조된 인간은 하나님과 정상적인 관계속에서 행복하고 풍성한 삶을 살아가고 있었습니다.

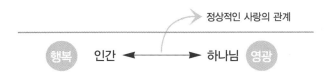

정상적인 사랑의 관계

행복　인간 ◀──────▶ 하나님　영광

### ② 하나님과 멀어짐

행복하던 관계가 깨진 것은 '죄' 때문입니다. 인간의 죄로 인해 인간과 하나님 사이에 깊은 골짜기가 생겨났습니다. 튼튼한 다리가 있지 않다면 결코 이 골짜기를 건널 수 없게 된 것입니다.

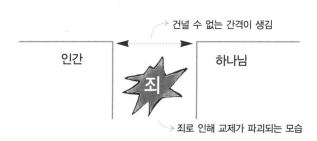

건널 수 없는 간격이 생김

인간　　　　　죄　　　　하나님

죄로 인해 교제가 파괴되는 모습

③ 하나님과 멀어진 인간의 상태와 노력

하나님과 멀어진 인간의 상태를 아래의 성경구절에 맞추어 기록해 보세요.

■ 로마서 3장 23절

모든 사람이 _죄를 지어 하나님의 영광에 이를 수 없게 되었습니다_ .

■ 로마서 6장 23절

죄의 대가(값, 결과)는 _죽음이지만, 하나님의 선물은 우리 주 예수 그리스도_
_안에 있는 영생입니다_

■ 히브리서 9장 27절

사람들은 모두 _한 번 죽습니다. 죽은 후에는 심판이 우리를 기다립니다_ .

■ 요한계시록 21장 8절

두번째 죽음(영원한 사망)

_그러나 비겁하고 믿지 않는 자, 악을 행하는 자, 살인하고 음란한 자,_
_마술을 행하고 우상숭배하는 자, 거짓말하는 자들에게는 유황이 타는_
_불못이 예비되어 있을 것이다. 이것이 두번째 죽음이다_

많은 사람이 이 골짜기를 사람의 방법으로 건너려고 했습니다. 어떤 사람은 지식으로 건너려고 했습니다(고린도전서 1장 21절). 어떤 사람은 착한 일을 하면 건널 것으로 생각했습니다(디도서 3장 5절). 또 어떤 사람은 율법을 잘 지키면 된다(로마서 3장 20절)고 생각하거나 종교적인 의식을 잘 행하면 될 것으로 생각했습니다(고린도전서 11장 17절). 하지만 인간의 노력으로 건널 수 있는 골짜기가 아니었습니다. 그곳을 건너 하나님께 가려면 아주 특별한 다리가 필요했습니다.

④ 하나님과의 관계회복을 위한 생명의 다리

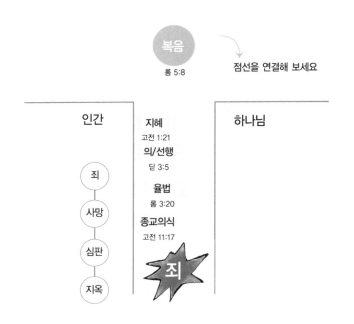

이제 건널 수 없을 것 같았던 하나님과 인간의 사이에 튼튼한 다리가 놓이게 되었습니다. 그 다리가 바로 '예수 그리스도' 입니다. 그 분은 하나님과 우리 사이를 멀게 했던 '죄'를 이기신 분이기 때문입니다. 우리의 죄를 그 분이 짊어지심으로 하나님과 우리 사이에 십자가라는 생명의 다리가 놓이게 되었습니다. 누구든지 하나님께로 나아가려면 이 다리를 건너야 합니다(요한복음 14장 6절).

⑤ 다리를 건너는 방법

이 다리를 건너는 아주 특별한 방법이 있습니다. 그것은 바로 듣고(골로새서 1장 6절), 믿는 것(요한복음 1장 12절)입니다. 이렇게 다리를 건너게 되면 우리에게 놀라운 삶이 주어집니다(요한복음 5장 24절).

### ■ 듣고 (골로새서 1장 6절)

복음이 전해지는 곳마다 하나님의 복이 더해지고 있습니다. 여러분 역시 복음을 받아들여 하나님의 은혜가운데 이 진리를 깨닫고, 지금도 그은혜를 누리고 있습니다. 이 복음은 온 세상에서 열매를 맺고 있습니다.

### 2 믿음 (요한복음 1장 12절)

그러나 누구든지 그분을 영접하는 사람들, 그분의 이름을 믿는 사람들에게는 하나님의 자녀가 되는 자격을 주셨습니다.

인간

하나님

죄

사망

심판

지옥

지혜
고전 1:21

의/선행
딛 3:5

율법
롬 3:20

종교의식
고전 11:17

### 3 관계의 회복(요한계시록 3장 20절)

보아라! 내가 문 밖에 서서 이렇게 두드리고 있다. 만일 누구든지 내 음성을 듣고 문을 열면, 내가 그에게로 들어가 그와 함께 먹고, 그도 나와 함께 먹을 것이다.

화목

⑥ 다리를 건넌 삶의 변화

예수님의 말씀을 듣고, 믿음으로 건너게 된 다리를 통해 우리는 사망에서 생명으로 심판에서 심판받지 않게 되고, 지옥이 아닌 영원한 생명(하나님 나라)의 소망을 얻게 됩니다.

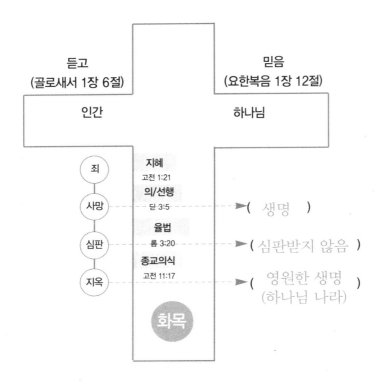

✐ 말씀생각

우리가 건너야 할 생명의 다리, 예수 그리스도 그분을 오늘 내 죄를 대신 지고 나를 구원하신 구원자로 주님을 믿는다면 우리는 생명의 다리로 건너갈 수 있는 것입니다. 이 놀라운 소식을 단지 듣고, 믿기만 한다면 말입니다.

✐ 상관질문

사도행전 4장 12절은 우리가 무엇으로만 하나님께 나아갈 수 있다고 기록하고 있나요?

예수님 외에는, 다른 어떤 이에게서도 구원을 받을 수 없습니다. 하나님께서는 온 세상에 우리가 구원받을 만한 다른 이름을 주신 적이 없습니다. (사도행전 4장 12절)

✐ 적용질문

예수님을 영접하려면 어떻게 해야 하나요?

태초에 말씀이 계셨습니다. 그 말씀은 하나님과 함께 계셨는데, 그 말씀은 곧 하나님이셨습니다. (요한복음 1장 1절)

복음이 전해지는 곳마다 하나님의 복이 더해지고 있습니다. 여러분 역시 복음을 받아들여 하나님의 은혜 가운데 이 진리를 깨닫고, 지금도 그 은혜를 누리고 있습니다. 이 복음은 온 세상에서 열매를 맺고 있습니다. (골로새서 1장 6절)

☀ 정리된 생각

예수님은 하나님과 우리 사이의 관계를 회복시키는 유일한 다리(길)가 되십니다.

## ✏️ 바뀐생각

1. 하나님께 나아가는 유일한 길은 무엇입니까?

Guide

> 예수 그리스도의 십자가 사건을 통해 복음을 듣고 믿는 것입니다. 즉, 예수님만이 갈라져 회복될 수 없는 하나님과 우리 사이를 건너게 하시는 다리입니다.

2. 하나님께 나아가기 위해 반드시 필요한 두 가지 요소는 무엇입니까?

예수님의 말씀을 __듣고__ , __믿어__ 야 합니다.

Guide

> 듣고, 믿는다는 것이 본과의 핵심내용입니다. 아무리 좋은 내용이라도 들을 수 없으면 믿을 수 없습니다. 그렇기 때문에 듣는 것이 정말 중요합니다. 좀 더 적극적으로는 반드시 듣게 해야 합니다. 하나님께 나아감은 복음을 듣고 믿는 것입니다.

## 새 생명을 위한 영접기도문

"새 생명의 삶을 결단하기 위한 영접기도문입니다.
조용히 묵상하거나 읽고 기도함으로
믿음의 결단을 새롭게 하세요."


하나님 감사합니다.

하나님께서 세상 모든 것을 창조하시고
죄로 죽을 수밖에 없는 저를 살리시기 위해
외아들 예수 그리스도를 십자가에 못 박혀 죽게 하신
사랑의 하나님 되심을 믿습니다.

하지만, 저는 그 사랑을 알지 못했고 믿지 못했습니다.
그래서 지난날 하나님을 내 인생의 주인으로 삼지 않고
나 자신을 내 인생의 주인으로 삼고 내 마음대로 살았습니다.
그러나 우리의 죄가 아무리 크더라도 흰 양털처럼 희게 해 주시는
하나님의 말씀과 은혜에 기대어 용서를 구하며 회개합니다.
이제 예수 그리스도를 나의 죄를 위하여 죽으시고 부활하신
나의 구원자요 내 삶의 주인으로 영접합니다.

다시는 죄책감으로 눌려 살지 않고
예수님을 믿는 기쁨을 얻게 해 주세요.

하나님 안에서 다시 한번 태어난 새 생명의 삶을 주신 것을 감사합니다.
예수 그리스도의 이름으로 기도드립니다. 아멘.

# 새 생명을 얻으면 어떻게 변화될까요?

## ▶ 새 생명을 가진 자의 변화 1 / 인생의 선택 기준이 달라집니다.

"죄를 버리고 하나님을 선택합니다."

영국과 오스트레일리아에서 40년간이나 교도소 생활을 하고 가죽 채찍으로 50대씩 여덟차례나 매질을 당했지만 변하지 않던 한 죄수가 있었습니다. 모든 간수들은 전혀 변화되지 않는 그를 포기했습니다. 그러던 그가 40년 만에 출소하여 교회에 속한 숙박시설에서 하룻밤을 지내게 되었습니다. 그날 밤 그는 어느 그리스도인의 전도를 받게 되었고 예수님을 영접하게 되었습니다. 그 후 그는 그 교회에서 18년간 봉사하며 성실하게 살았습니다. 그는 이렇게 간증했습니다.

"나는 400번의 가죽 채찍이나 40년간의 교도소 생활로도 변화되지 않았지만, 그리스도를 영접하고는 단 1분 만에 새 사람이 되었습니다."

사랑하는 여러분, 이 사람의 변화원인이 무엇입니까? 예수 그리스도입니다. 그는 과감히 과거의 죄를 버리고 예수님을 선택했습니다. 그리고 그의 삶은 변화되었습니다.

### ✎ 적용질문

주변에 예수님을 믿고 변화된 사람의 이야기를 들은 적이 있나요? 있다면 나눠보세요.

☐ 네! ☐ 아니오!

### ✎ 상관질문

이사야 1장 18절은 죄를 버리고 하나님을 선택한 사람에게 어떤 변화가 있다고 기록하고 있습니까?

죄가 깨끗해질 것입니다.

여호와의 말씀이다. "오너라, 우리 서로 이야기해 보자. 너희 죄가 심하게 얼룩졌을지라도 눈처럼 깨끗해질 것이며, 너희 죄가 진홍색처럼 붉을지라도 양털처럼 희어질 것이다."
(이사야 1장 18절)

## ✎ 믿음생각

사람들은 살아가면서 저마다 수 많은 선택 속에 있다고 하지만 성경은 두 개의 길이 있다고 말합니다. 하나는 자기 마음대로 살아가는 죄인의 삶이고, 또 다른 하나는 하나님의 뜻에 순종하는 믿음의 삶입니다.

### 두 갈래의 길이 있다면 당신은 어느 쪽을 선택하겠습니까?

## ✎ 상관질문

이사야 55장 7절은 우리가 죄의 길을 버리고 하나님께 돌아오면 어떻게 된다고 말씀하고 있나요?

자비와 용서가 베풀어집니다.

악한 사람은 그 길에서 돌이키고, 죄인은 자기의 악한 생각을 버려라. 여호와께 돌아오너라. 그러면 여호와께서 자비를 베푸실 것이다. 우리 하나님께 돌아오너라. 그러면 여호와께서 너그럽게 용서하실 것이다. (이사야 55장 7절)

Guide

악한 길에서 돌아오는 방법을 이사야 55장 7절은 이렇게 기록합니다. '죄인은 자기의 악한 생각을 버려라.' 죄의 정의에서도 다루었지만 우리는 모두 죄인입니다. 도덕적으로 죄를 지어서도 죄인이지만 그보다 성경적인 정의는 자기의 생각대로 사는 무법의 삶을 죄인의 삶이라고 정의합니다. 그러므로 우리가 죄를 지어 죄인이라기보다 원래 죄인이기 때문에 죄를 짓는 것이 맞습니다. 따라서 우리가 하나님께 돌아가는 길은 지금이라도 그 악한 자신의 자아를 버리고 하나님을 바라보는 것입니다. 새 생명을 얻는 사람의 변화는 바로 자신의 죄를 버리는 것에서부터 시작됩니다.

## 어리석은 토기 브레어(Brer Rabbit)

미국의 동화 중에 「토끼 브레어」가 있습니다. 토끼 브레어는 어느 날 같은 시간에 두 집에서 만찬 초청을 받았습니다. 그는 일찌감치 집을 떠나 갈림길까지 왔습니다. 오른 쪽 길은 테라핀씨 집으로 가는 길이고 왼쪽은 포숨씨 집으로 가는 길이었습니다.

'어느 집이 잘 차렸을까?' 를 생각하며 브레어 토끼는 왼쪽 길로 조금 가다가 아무래도 테라핀의 요리 솜씨가 나을 것 같아 오른쪽 길로 돌아섰습니다. 한참 동안 이렇게 두 길 사이를 뛰어다니다가 결국 두 집의 파티가 다 끝났다는 이야기입니다. 오늘 주어진 기회에 머뭇거리며 하나님을 선택하지 못한다면 다음 기회가 오더라도 선택할 수 없을 것입니다.

✐ 적용절문

길을 찾다가 어느 길인지 몰라 헤메본 경험이 있었나요? 있었다면 그 때의 심정을 한 마디로 표현해 주세요.

    ☐ 네!   ☐ 아니오!

    그 때의 심정은 정말 _____ 니다.

✐ 상관질문

고린도후서 6장 2절의 말씀을 통해 우리가 하나님의 길을 선택해야 할 때가 언제라고 기록하고 있습니까?

지금

> 하나님께서 이렇게 말씀하셨습니다. "내가 은총을 베풀 때에 너의 말을 들었고, 구원의 날에 너를 도왔다." 보십시오. 지금이 하나님께서 은총을 베푸실 때이며, 지금이 구원의 날입니다. (고린도후서 6장 2절)

Guide

> 어떤 아이들은 말씀을 듣고 믿고 싶지만 '지금 당장' 은 아니라고 유보합니다. 하지만, 성경은 지금이 구원의 날이라고 정의하고 있습니다. 말씀을 듣는 지금 선택해야 합니다. 왜냐하면, 이 시간이 언제 돌아올지 아무도 모르기 때문입니다.

## ✎ 말씀생각

예수님을 영접하셨다면 당신은 예수님짜리입니다.

이 세상에서 가장 값진 것이 무엇인 줄 아십니까? 그것은 바로 예수님을 구주와 주님으로 모시고 구원받은 크리스천입니다. 보통 값진 게 아니고 아주 엄청나게 값진 존재입니다. 왜냐하면 예수님이 그를 위해 자기 목숨을 지불하셨기 때문입니다. 즉 예수님의 목숨 값이 바로 크리스천입니다. 하나님의 아들이신 예수님이 그 사람을 위해 십자가에 못 박혀 피흘려 돌아가셨다면 그는 진정 무지무지하게 값진 사람임에 틀림이 없습니다. 그가 바로 당신입니다. 만일 당신이 예수님을 당신의 구주와 주님으로 모셨다면 말입니다.

⌄ Guide

> 말씀생각을 통해 아이들이 예수님의 피값으로 사신 소중한 존재임을 말씀해 주시고 그렇기 때문에 우리가 예수님을 나를 구원하신 분이요, 나의 삶의 주인이라고 믿어야 한다는 것을 강조해 주세요. 적용질문을 통해 우리의 죄가 용서받았음을 다시 확인시켜 주세요.

## ✎ 적용질문

예수님께서 십자가에 달려 돌아가심으로 당신의 죄가 용서받았다는 것을 믿습니까?

☐ 네!   ☐ 아니오!

## ✎ 상관질문

여호수아서 24장 15절은 여호수아가 누구를 섬기기로 결심한 내용입니까?

여호와(하나님)

그러나 여러분은 여호와를 섬기고 싶지 않을지도 모르오. 여러분은 오늘 스스로 선택하시오. 누구를 섬길 것인가를 결정하시오. 여러분은 여러분의 조상이 유프라테스 강 저쪽에서 경배하던 신들을 섬길 수도 있고, 이 땅에 살던 아모리 사람들의 신들을 섬길 수도 있소. 그러나 나와 내 후손은 여호와를 섬기겠소. (여호수아 24장 15절)

> ☀ **정리된 생각**
> 지금이 죄를 버리고 하나님을 선택해야 할 때입니다.

## 🖉 바뀐생각

1. 당신은 이제껏 어느 길을 선택해 왔나요?

Guide

> 이제껏 우리는 우리의 길, 죄악의 길을 선택하며 살았습니다. 죄에 대한 정의는 1과에서 다루었습니다. 우리가 이제껏 선택한 또 다른 길은 우리의 가치관과 연관되어 있습니다. 돈, 명예, 성적, 외모 등 아이들에게 어떤 가치를 갖고 있는지 물어보신 후 그것이 선택의 기준이었음을 알려주세요.

2. 하나님께로 가는 유일한 길은 누구를 통해서만 가능한가요?

Guide

> 집으로 가는 길이 있듯이 하나님께도 나아가는 길이 있습니다. 그러나 그 길은 오직 한 길입니다. 우리의 죄를 위해 죽으신 예수 그리스도를 통해서만 가능합니다.

3. 그 길을 바꾸기 위해 가장 먼저 해야 할 것은 무엇인가요?

Guide

> 길을 바꾸는 일은 간단합니다. 돌아가던지, 다른 길을 선택하는 것입니다. 우리의 길을 버리고 하나님의 길, 예수님의 길을 선택해야 합니다.

# ➡ 새 생명을 가진 자의 변화 2 / 인생의 주인이 바뀝니다.

## "주인되신 예수님을 따라 삽니다."

한국 기네스 협회가 남한산성에서 기네스북 세계기록 도전 크로스컨트리 경기를 개최했습니다. 그런데 주최측의 미숙으로 참가 선수 150명이 제 코스를 벗어나 엉뚱한 코스로 달리는 바람에 대회자체가 아예 무산되고 말았습니다. 세계적인 대회가 한 순간에 우스꽝스러운 코미디가 되어 버린 것입니다. 선수들은 남한산 초등학교를 출발해서 10.9Km를 달릴 예정이었으나 중간기점에 도착한 선수들이 방향을 잘못 잡아 뒤 따르던 선수들까지 코스를 이탈했던 것입니다.

### ✎ 적용질문
누군가를 따라가다 길을 잘못 들어선 적이 있나요?

☐ 네!    ☐ 아니오!

### ✎ 상관질문
성경은 누가 우리의 주인이라고 기록하고 있습니까?

하나님이 우리의 주인이십니다.

아무도 두 주인을 섬기지 못한다. 한쪽을 미워하고 다른 쪽을 사랑하든지, 한쪽을 귀중히 여기고 다른 쪽을 업신여길 것이다. 너희는 하나님과 재물을 같이 섬길 수 없다.(마태복음 6장 24절)

⌐ Guide

새 생명을 가진 사람의 주인은 하나님입니다. 하나님이 새 생명을 가진 사람의 주인이 되어 주십니다. 마태복음 6장2절을 통해 하나님은 돈을 우리의 주인으로 섬기는 것을 거부하라고 말씀하십니다.

## 🖉 믿음생각

우리의 죄악에도 불구하고 우리를 구원해 주시는 하나님의 사랑은 성경에 약속되어 있습니다. 그리고 그 약속을 믿는 자에게 제일 먼저 바뀌는 것은 인생의 가치관입니다. 그것은 바로 '내 시간, 재능, 돈, 아니 내 모든 것이 내 것이 아니라 예수님의 것입니다' 라는 가치관의 전환입니다.

이제 당신의 시간과 재능과 돈은 누굴 위해 사용되어야 하나요? 공부하는 목적이나 용돈을 사용하는 것, 시간을 사용하는 것 모두가 자신의 편안한 삶을 위한 것이 아니라 __나__ 의 주님이신 예수님을 위해 사용할 수 있나요? 아직도 예수님을 위해 이렇게 하기가 아까우시다면 예수님이 당신을 위해 생명을 버리셨다는 사실을 진심으로 받아들인 것이 아닙니다.

예수님이 우리의 주인이시라면 당신의 구체적인 생활 중에 변화되어야 할 영역은 어디일까요? (많이 변화되어야 할 영역일수록 높은 점수에 V표해 봅시다.)

| 영역 | 변화의 정도 | | | | | 영역 | 변화의 정도 | | | | |
|---|---|---|---|---|---|---|---|---|---|---|---|
| | 1 | 2 | 3 | 4 | 5 | | 1 | 2 | 3 | 4 | 5 |
| 나의 성격 | | | | | | 교회 출석 | | | | | |
| 나의 옷차림 | | | | | | 예배 태도 | | | | | |
| 즐겨 보는 책 | | | | | | 기도 시간 | | | | | |
| 자주 보는 TV | | | | | | 혀의 사용 | | | | | |
| 이성 친구 | | | | | | 여가 사용 | | | | | |
| 가족 관계 | | | | | | PC 사용 | | | | | |
| 생활 습관 | | | | | | 진학 | | | | | |

Guide

아이들이 변화될 영역에 체크할 수 있도록 도와주세요. 체크하는 이유는 단순히 결심을 유도하는 것이 아니라 그 결심이 좀 더 구체적인 삶에서 표현되도록 돕는 것입니다. 더 나아가 새 생명의 과정을 마치더라도 교사와 학생이 좀 더 유기적으로 연결되어 아이들이 결심한 것을 실제로 실행하는지 점검해 주세요.

## 🖉 상관질문

성경은 이전의 잘못들을 버리고 예수님을 주인으로 믿고 사는 그리스도 안에 있는 삶을 뭐라고 말하나요?

그러므로 누구든지 그리스도안에 있으면 새로운 창조입니다. 이전 것들은 지나갔고, 보십시오. 새 것들이 와 있습니다. (고린도후서 5장 17절)

제5회 프랑스 파리 올림픽이 개최될 무렵 유력한 100m 우승후
보였던 에릭 리들의 일화는 우리에게 변화가 무엇인
지 일깨워 줍니다.

그는 가장 유력한 100m 우승후보였습니다. 그러나
마침 결승이 열리는 날이 주일이었습니다. 그것이
무슨 상관이냐고 묻겠지만, 에릭 리들은 "나는 주
일에는 뛰지 않습니다."라고 말했습니다. 모두가
놀라고 지역 신문들은 앞 다투어 1면 기사로 에릭
리들의 이야기를 기사화 했지만 그의 마음은 변함없었
습니다. 그렇게 100m 결승은 유력한 우승후보를 제외
하고 열리게 되었습니다. 이제 모든 것이 끝났다고 생
각할 때 그에게 400m 출전권이 주어졌습니다. 자신의
주종목이 아니지만 리들은 하나님이 주신 기회라고 생
각하고 400m 경기에 나가기로 결심했습니다. 그 당시
프랑스는 400m 경기에서 메달을 획득하지 못했기 때문에

아무리 그가 뛴다고 해도 금메달을 기대하지 않았습니다. 마침내 400m 결승 출발선
에 선 그의 가슴은 떨렸습니다. 그때 저 멀리서 자신의 코치가 오더니 쪽지 하나를 건
네주었습니다. 그 쪽지에는 이렇게 쓰여 있었습니다.

"나를 소중히 여기는 사람을 소중히 여길 것이고,
나를 소중히 여기지 않는 사람은 나도 소중히 여기지 않을 것이다."
(사무엘상 2장 30절)

그는 그 종이를 손에 쥐고 달리기 시작했습니다. 중반이 되어 너무나 힘들어 포기하
고 싶을 그 때, 그는 그 종이에 적힌 내용을 생각했습니다. 그리고 그는 400m 경기에
서 금메달을 획득했습니다. 이렇게 하나님 안에서 변화를 경험한 리들은 올림픽이
끝나고 중국선교사로 자원해 그곳에서 그의 일생을 마감합니다. 올림픽의 영웅에서
하나님의 종으로, 그의 삶은 그렇게 변화되었습니다.

Guide

에릭 리들의 예화는 언제 들어도 감동적입니다. 하나님의 사람은 이렇게 존귀한 사람들입니
다. 더 나아가 하나님 한 분만을 주인으로 삼고 살아가는 믿음의 사람들입니다.

✎ 적용질문

당신은 친구들에게 신뢰를 준 경험이 있나요? 아니면 신뢰할만한 친구가 있나요?

☐ 네!  ☐ 아니오!

## ✏️ 말씀생각

운전을 할 때, 방향을 결정하는 것은 핸들입니다. 핸들을 좌, 우로 돌리면 원하는 방향으로 자동차를 운전할 수 있지요. 우리의 삶이 자동차와 같다면 당신의 핸들은 누가 잡고 있습니까? 나 스스로 내 삶의 핸들을 잡고 있다면 그 삶은 자신 스스로 책임져야 하겠죠. 그러나 하나님을 인생의 주인으로 모시고 사는 사람의 삶, 그 삶의 핸들을 하나님께 드린 사람의 삶은 하나님이 책임져 주십니다. 뿐만 아니라 핸들을 잡고 계시면서도 우리의 삶을 변화시켜 주십니다. 다음 질문을 통해 그 비밀을 알아보세요.

## ✏️ 상관질문

로마서 6장 17-18절은 어떻게 죄의 종에서 의의 종이 될 수 있다고 기록하고 있나요?

가르침(말씀)에 복종함으로 가능합니다.

하나님께 감사할 것이 있습니다. 여러분이 전에는 죄의 종이었으나, 전수받은 가르침의 본에 전심을 다해 복종함으로써 죄로부터 해방되어 의의 종이 되었습니다.
(로마서 6장 17-18절)

아래의 ＿＿＿＿＿칸에 알맞은 말을 넣어 보세요.

그래서 구원받은 친구는 늘 다음과 같은 고백처럼 살게 된답니다.
"나는 그리스도와 함께 ＿＿십자가＿＿에서 죽었습니다. 이제는 내가 사는 것이 아니라, 내 안에 계신 ＿＿예수님＿＿께서 사시는 것입니다. 내가 지금 내 몸 안에 사는 것은 나를 사랑하셔서, 나를 구하시려고 자기 몸을 바치신 하나님의 아들을 믿는 믿음으로 사는 것입니다."(갈라디아서 2장 19-20절)

### ☀️ 정리된 생각

예수님을 우리 삶의 주인으로 받아들이는 삶이 변화된 삶입니다.

Guide

우리가 잘 아는 대로 야고보 사도는 말씀을 듣고 행해야 함을 강조합니다. 행하지 않는 믿음은 죽은 믿음입니다. 우리가 왜 새 생명의 삶을 살아가지 못하는가? 그것은 알면서도 행하지 않는 교만 때문입니다. 그것을 넘어 생명의 삶으로 가려면 하나님의 말씀을 배우고 또 그 가르침 대로 복종하며 살아야 합니다.

## ✎ 바뀐생각

1.예수님을 만난 사람의 주인은 누구입니까?

⤹Guide

> 예수님과 상관없는 사람의 이야기를 하는 것이 아닙니다. 예수님을 믿기로 결단하고 새 생명의 변화된 삶을 결심한 사람은 주인이 바뀝니다. 가치관이 변화됩니다. 예수님을 만난 사람의 주인은 하나님이십니다. 하나님께 핸들을 맞기고 사는 사람들입니다.

2.예수님을 믿는 사람은 누구를 본받으며 살아가게 되나요?

⤹Guide

> 믿는다는 것은 신뢰이며 신뢰는 사랑에서 나옵니다. 그렇기 때문에 사랑한다면 그 사람을 닮기 마련입니다. 좋아하는 연예인이 있는 사람은 그 사람을 닮으려고 애씁니다. 마찬가지로 예수님을 만난 사람은 예수님을 본받으며 그 말씀을 지키고 행하려고 사는 사람들입니다.

3. 예수님을 믿기 전 가장 중요하다고 생각되었던 것과 예수님을 믿고 난 후 가장 중요하다고 생각하는 것을 적어보세요.

| 믿기 전에는... | 믿고 난 후에는... |
|---|---|
|  |  |

⤹Guide

> 믿기 전에 생각하던 가치관과 변화된 가치관을 묻는 질문입니다. 예수님을 믿고난 후에 어떻게 변화 되었는지 알아야 하고 또 결심해야 합니다. 그러므로 앞으로 믿음에 대한 로드맵 (Road Map)을 그릴 수 있도록 질문해 주십시오.

# ➡️ 새 생명을 가진 자의 변화 3 / 인생의 목적이 바뀝니다.

## "하나님의 영광을 위해 삽니다."

이 영광도
아닙니다.

이 영광도
아닙니다.

당신과 나를 위해
죽으셨다는 사실만으로
우리가 영광 돌릴만한
충분한 이유가 됩니다.

세상을 살아가는 모든 사람들에게는 삶의 목적이 있습니다. '중요한 것은 그 목적을 알고 사는가?', '모르고 사는가?' 하는 것입니다. 또한, 그 목적을 어디에서 발견했는가도 중요합니다. 그리스도 안에 있으면 우리는 새로운 사람이 됩니다. 그것은 그리스도 안에서 새로운 삶의 목적이 생겼다는 것을 의미합니다. 당신은 그리스도 안에서 삶의 목적을 발견하셨습니까?

*Guide*

> 새 생명을 가진 자의 세 번째 변화는 삶의 목적에 대한 변화입니다. 이전에는 나와 주변을 위해 살아감으로 명예와 성공에 대한 욕심. 돈과 성적을 향해서 달려가려고 했던 아이들의 삶이 하나님의 영광으로 바뀌는 기적이 일어나는 것입니다.

### 🖉 적용질문
당신이 이 땅에서 왜 살아가는지 이유와 목적을 알고 있나요?

　☐ 네!　☐ 아니오!

### 🖉 상관질문
고린도전서 10장 31절은 우리의 삶이 무엇을 위해 있어야 한다고 기록하고 있나요?

　그러므로 여러분은 먹든지 마시든지, 무엇을 하든지, 모든 것을 하나님의 영광을 위해 하십시오. (고린도전서 10장 31절)

## ✏ 믿음생각

믿음이 있는 사람에게는 생활 속에서 이전과는 다른 구체적인 삶의 변화가 있습니다. 어릴 적부터 들어왔던 예수님을 머리로만 받아들이는 것이 아니라 진정한 믿음을 하나님의 선물로 받았기 때문입니다. 그렇기 때문에 "나는 그리스도인으로서 가정과 학교와 교회에서의 모습이 이렇게 달라질 것입니다."라는 믿음의 고백이 필요합니다.

아래의 세 가지 영역에서 달라질 자신의 모습을 기대하면서, 달라질 모습에 믿음을 갖고 O 표를 해 보세요.

## 가정에서

- 예전의 나처럼 명목상의 크리스천인 가족에게 복음을 전하겠습니다.(    )
- 식사 때마다 진실한 감사의 기도를 드리겠습니다.(    )
- 부모님의 말씀에 순종할 것입니다.(    )
- 유명메이커의 옷이나 신발, 가방 등을 포기하고 검소하게 살겠습니다.(    )
- 용돈을 달라고 조르지 않고 아껴서 꼭 필요한 일에 사용하겠습니다.(    )
- 형제들과 말다툼을 하거나 싸우지 않고 먼저 섬기겠습니다.(    )
- 가정예배를 드리는 복된 가정이 되도록 기도하고 실행하겠습니다.(    )
- 매일의 큐티를 통해 하나님과의 교제하는 기쁨을 누리겠습니다.(    )
- 게으르지 않고 규칙적인 시간 사용을 하겠습니다.(    )
- TV 시청을 자제하고 꼭 필요하고 유익한 것만을 선택해서 보겠습니다.(    )
- 나는 가정에서 받으려 하기보다는 주는 사람이 될 것입니다.(    )

## 학교에서

- 믿지 않는 친구들에게 적극적으로 복음을 전하겠습니다.(    )
- 쉬는 시간을 이용해서 하나님의 말씀을 암송하겠습니다.(    )
- 점심 시간에 기도하는 것을 부끄러워하지 않고 기도하겠습니다.(    )
- 친구들과 사귐에 있어서 그리스도인이 하지 말아야 할 것을 단호히
  거절하겠습니다.(    )
- 친구들을 섬기고 남이 하기 싫은 청소 등을 비롯한 궂은 일을 기쁨으로
  감당하며 모범을 보이겠습니다.(    )
- 학교에서 큐티를 나눌 수 있는 친구를 찾아 학교의 복음화를 위해
  기도하겠습니다.(    )
- 선생님을 존경하며 말씀을 잘 따르겠습니다.(    )
- 수업시간에 최선을 다하여 하나님의 일꾼으로 자라나겠습니다.(    )

## 교회에서

– 나는 교회의 일원이 되었음을 확신합니다.(    )
– 교회 예배에 빠지지 않겠습니다.(    )
– 나는 예배에 늦지 않고 마음을 다하여 예배를 드릴 것입니다.(    )
– 목자이신 선생님과의 모임에서 성실하게 훈련받을 것입니다.(    )
– 옆에 있는 친구들에게 먼저 다가가 교제를 할 것입니다.(    )
– 사람을 의식하지 않고 하나님과의 대화인 기도를 잘할 것입니다.(    )
– 교회의 여러 청소년 모임과 훈련에 적극적으로 참석하여 성장해 갈 것입니다.(    )
– 교회에 관심을 가지고 봉사를 게을리하지 않겠습니다.(    )

Guide

새 생명을 얻은 사람의 삶을 이야기할 때는 매우 구체적인 접근과 상세한 적용이 필요합니다.
본과에서는 세 가지 영역, 즉, 가정, 학교, 교회에서 어떻게 우리의 삶이 구체적으로 드려질까
에 대해 이야기하고 있습니다.

약 백 년 전 런던교회에 의사의 조수 노릇을 하는 한 청년이 있었습니다. 어느 주일 설교를 듣고 있던 이 청년은 보잘 것 없는 자기를 위해서도 고통을 참으신 그리스도의 사랑을 생각하고 마음이 뜨거워졌습니다. 설교가 끝나고 부른 찬송은 '너 위해 몸을 주건만 날 무엇 주느냐?' 였습니다. 청년은 찬송이 끝나기 전에 자기 삶을 그리스도를 알지 못하는 중국 사람들에게 바치기로 결심하였습니다. 그가 바로 중국의 선교사 허드슨 테일러입니다. 하나님의 사랑과 은혜를 받은 사람은 어떤 모습으로든지 하나님의 영광을 위하여 복음을 전하는 사람입니다.

🖉 **적용질문**

예수 그리스도를 믿고 은혜받은 기억이 있나요?
있다면 언제 어디서였는지 짧게 나눠보세요.

☐ 네!   ☐ 아니오!

언제? _____

어디서? _____

어떤 은혜가? _____

🖉 **상관질문**

이사야 43장 7절은 우리가 무엇을 위해 창조되었다고 기록하고 있습니까?

내 영광(즉, 하나님의 영광)

> 내 이름으로 불리는 모든 백성을 내게로 인도하여라. 내가 내 영광을 위해 그들을 지었다. 내가 그들을 창조하였다. (이사야 43:7)

## ✏ 말씀생각

많은 사람이 자신이 왜 사는지 모른 채 살아갑니다. 그래서 때로는 그들의 삶의 목표가 돈, 명예, 인기가 됩니다. 그리고 평생 헛된 목표를 따라 살다가 죽습니다. 그들에게 남은 것은 아무것도 없습니다. 하지만 하나님의 영광을 위해 사는 삶은 헛되지 않습니다. 말씀을 통해 왜 우리가 영광을 돌리며 살아야 하는지 살펴봅시다.

## ✏ 상관질문

고린도전서 6장 19-20절은 우리에게 무엇을 요구하고 있습니까?

여러분의 몸은 하나님께 받은 것이며, 여러분 안에 거하시는 성령의 성전이라는 사실을 알지 못하십니까? 여러분은 여러분 자신의 것이 아닙니다. 여러분은 하나님께서 값을 치르고 산 몸입니다. 그러므로 여러분의 몸으로 하나님께 영광을 돌리십시오.(고린도전서 6장 19-20절)

⌄ Guide

> 고린도전서 6장19-20절에서 몸으로 하나님께 영광을 돌리라는 것은 엄밀히 말하면 불가능한 일입니다. 우리처럼 죄인인 사람들이 어떻게 몸으로 하나님께 영광을 돌리겠습니까? 그것이 가능할 수 있는 것이 새 생명 안에 있기 때문입니다. 예수 그리스도께서 우리를 용서하셨기 때문에 우리 몸이 거룩한 성전이 될 수 있습니다. 그러므로 우리는 그 은혜를 인해서라도 하나님께 영광을 돌려야 합니다.

그렇습니다. 이제 우리는 우리 자신만을 위해 사는 사람이 아니라 하나님을 위해 사는 사람들입니다. 그러므로 에베소서 5장 8절이 들려주는 진리에 귀 기울여야 합니다. 우리가 어떻게 살아야 하는지 아래 빈칸을 채워 보세요.

이전에는 여러분도 ___어둠___ 가운데 있었으나, 이제는 주님 안에서 ___빛___ 가운데 살아갑니다. 그러므로 빛에 속한 자녀답게 사십시오.(에베소서 5장 8절)

이제 우리 친구는 예전의 모습을 벗었습니다. 그리고 계속해서 하나님의 자녀답게 살기 위해 교회에 열심히 참여하여 말씀을 배우고 봉사하며 형제들과 서로 교제하고 찬양과 기도의 삶을 살아가야 하겠습니다.

동의하시면 사인하세요.          서명

☀ **정리된 생각**

하나님께 영광 돌리며 사는 것이 우리 삶의 이유입니다.

Guide

아이들이 결심을 돕도록 서명하게 해 주시고, 서명하기 전에 우리의 결심을 읽도록 말씀생각
부터 읽어 내려가게 하는 것도 효과적인 방법입니다.

✎ **바뀐생각**

1. 생명을 얻은 사람의 삶은 무엇을 위해 살아갑니까?

Guide

새 생명을 얻은 사람은 다른 삶을 살아간다고 계속해서 강조해 왔습니다. 변화란 이전과는 다
른 것을 의미합니다. 새 생명을 얻은 사람, 새 생명을 얻기로 결단하는 사람의 가치관과 삶의
목적은 바뀌어야 합니다. 그는 자신만을 위해 살지 않습니다. 새 생명을 얻은 사람의 삶은 하
나님의 영광을 위해 삽니다.

2. 그렇게 살기 위해 우리는 어떻게 행동해야 합니까?

Guide

가치관의 변화, 목적의 변화는 행동의 변화를 동반합니다. 행동하지 않으면 소용없습니다. 아
무리 지식적으로 알더라도 그것을 실천할 수 없다면 그것은 죽은 믿음입니다. 새 생명을 갖게
된 우리의 행동도 변해야 합니다. 그 행동의 중심이 하나님의 말씀 가운데, 무엇을 하든 하나
님의 영광을 위해 살아야 한다는 것입니다. 삶의 동기가 하나님의 영광이 되는 삶은 언제든지
하나님을 인식하며 살아갑니다. 변화된 행동의 중심에는 "내가 지금 하고 있는 행동이 하나님
의 영광과 무슨 관계가 있지?"라고 생각해야 합니다.

## 나의 간증문

### 간증이란?

개인적으로 예수님을 믿게 된 각자의 독특한 신앙고백이며 다른 사람들과 나눌 수 있을 만큼 실제적이고 중요한 것입니다. 간단히 말해 나의 삶에 예수님은 어떤 분인가를 고백하는 것입니다.

### 점검을 위한 질문

1. 당신은 지금 죽어도 천국에 갈 수 있습니까?

　예(　　　） 아니요(　　　）

2. 그 이유는 무엇입니까?

3. 누가 당신에게 영원한 생명을 주셨습니까?

4. 누가 영원한 생명을 얻을 수 있습니까?

5. 당신이 영원한 생명을 얻게 되었음을 어떻게 알 수 있습니까?

예수님을 믿기 전의 상태

예수님을 믿게 된 이유

예수님을 믿고 난 후의 변화와 결심

# 저 | 자 | 소 | 개

**김인환 목사**는 과거 장년 400명 출석인 서울제일침례교회 시무 시 청소년부를 250명으로 끌어올렸을 뿐 아니라 지구촌교회부임 6년만에 200명에서 1,600명으로 끌어올린 청소년부 부흥의 살아있는 전설이다. 그는 "예배의 회복과 가정의 회복이 청소년의 회복이다"라는 슬로건을 내걸고 복음의 열정과 깊이 있는 강해 설교로 청소년들을 변화시키고 있는 '복음의 비전메이커'이다. 「세계를 품는 경건의 시간 GT」의 편집위원으로 있으며, 유스코스타(Youth Kosta)와 두란노바이블칼리지 강사를 비롯해 젊은이를 위한 부흥집회와 교사세미나, 부모를 위한 자녀성공세미나, 침례신학대학교 기독교교육학과와 청소년 사역자들을 위해 강의를 하는 탁월한 교육전문사역자이다. 저서로는 소그룹 성경공부 교재 「니들이 믿음을 알어?(요한복음)」, 「니들이 비전을 알어?(창세기2)」, 「니들이 복음을 알어?(로마서)」, 「니들이 승리를 알어?(요한계시록)」, 「디지털 리더로 살아라(느헤미야)」, 「믿음을 휘날리며 믿음짱으로 살아라(창세기)」, 「시대를 이끄는 소명 붙들고 살아라(출애굽기)」, 「충전 100% 은혜로 살아라(에베소서)」, 「다음세대 전사가 되어라(사사기)」, 「21세기 리더 예수의 제자가 되어라(마가복음)」, 「세상을 바꾸는 영적 거인이 되어라(사무엘 상·하)」, 「역경을 기쁨으로 이기는 유머의 대가가 되어라(빌립보서)」와 부모와 교사, 그리고 사역자들의 필독서인 「사춘기를 알면 자녀의 성공이 보인다(두란노서원)」 등이 있다.

E-Mail : vimilo@korea.com 홈페이지: http://edu.jiguchon.org

초판발행 | 2006. 6. 30.
초판8쇄 | 2014. 6. 30.
지은이 | 김인환
발행처 | 지티엠
등록 | 제10-0763호
　　　서울시 광진구 구의동 253-36 3층 GTM
영업 | 함창일 (02)453-3848 FAX. 453-3836
전화 | (02)453-3818
팩스 | (02)453-3819
총판 | 기독교출판유통 (031)906-9191~4
디자인 | GTM 디자인실
편집 | 김태완, 정혜선, 김용문
일러스트 | 권유숙
인쇄처 | 수경문화사

www.gtm.or.kr
ISBN 89-85447-45-9
ISBN 978-89-85447-45-4